TÉCNICAS PARA HABLAR BIEN EN PÚBLICO

Autor: Adolfo Pérez Agustí

Edita: Ediciones Masters
Fernán Caballero, 4-1º dcha.
28019 MADRID (Spain)
www.edicionesmasters.com
edicionesmasters@gmail.com

Un buen orador es un hombre
con experiencia hablando.
Cato

Una encuesta pública realizada hace algunos años reveló que la situación más temida en general es la de hablar en público, situándose incluso por encima de lavar cristales exteriores en el piso 85 de un edificio de oficinas. De modo que pueden imaginarse el temor y la tensión que esta situación genera entre los oradores, pues sabemos de muchos que se desmayan, otros que sudan copiosamente, se les traba la lengua y, con suma frecuencia, les tiemblan las piernas. También existe quien "se queda en blanco", posiblemente la más embarazosa de las situaciones, pues tener delante docenas de personas, en ocasiones miles, esperando oír algo que les agrade y en su lugar escuchar el tenebroso silencio, es algo que cohíbe a cualquiera. En ese momento es cuando desearíamos que se hiciera realidad el refrán de "trágame tierra", al menos durante unos minutos.
Otros, sin embargo, pueden soportar el estrés y la incertidumbre por el resultado de su plática ante el público mediante sistemas de sugestión mental muy eficaces. Estas personas salen mentalmente del lugar o al menos consiguen que el público se haga invisible en ese momento, y sabemos que hablar en solitario, delante de un espejo, no es lo mismo que en un mitin político o una reunión sindical.

TÉCNICAS PARA HABLAR BIEN EN PÚBLICO

LECCIÓN PRIMERA

El lenguaje

Lo primero que hay que mejorar o dominar es el lenguaje, ese conjunto ordenado y sistemático de formas orales, escritas y grabadas que sirven para la comunicación entre las personas que constituyen una comunidad lingüística. Hablando de una manera informal, puede decirse que el lenguaje es lo mismo que el idioma, aunque este ultimo término tiene más el significado de lengua oficial o dominante de un pueblo o nación. Hay lenguas que se hablan en distintos países, como el árabe, el inglés, el español o el francés, siendo las más populares las de procedencia anglosajona o latina. En estos casos, aunque la lengua sea la misma, existen ciertas variaciones léxicas, fónicas y sintácticas menores por motivos históricos y estrictamente evolutivos, aunque todos los hablantes se entienden entre sí. Este es el caso del inglés, con sutiles diferencias según se hable en los Estados Unidos, Escocia o Inglaterra. De igual modo, el español de Latinoamérica es diferente al que se habla en España, lo mismo que ocurre entre Andalucía y Madrid, por ejemplo.
Desde un punto de vista científico, se entiende por lengua el sistema de signos orales y escritos del que

disponen los miembros de una comunidad para realizar los actos lingüísticos cuando hablan y escriben. Aunque se pretende que los habitantes no modifiquen las reglas de la gramática ya establecidas, finalmente es el propio pueblo quien obliga a los académicos de la lengua a reformarla, quizá con bastante retraso. Por eso, aunque la lengua es un inventario que los hablantes no deberían modificar, existen ya grandes diferencias entre el lenguaje escrito y el hablado, sin que exista modo coherente de que ambos sean iguales.

Sobre el español, las gentes ya hace muchos años que decidieron igualar la pronunciación de la "ll" y la "y", lo mismo que la "v" y la "b", aunque en el lenguaje escrito las diferencias entre ambas letras siguen vigentes. Esto parece un contrasentido, pues a fin de cuentas ambas formas de manifestar una lengua, la escrita y la vocal, tendrían que ser iguales, por lo que las normas académicas deberían adaptarse siempre con los tiempos y no luchar contra aquello que las gentes han decidido emplear. Y el mismo problema lo tenemos con la "r", que puede ser doble en ocasiones aunque la pronunciación sea la misma, ocurriendo algo similar con la "v" y la "w", aunque esta última se está terminando de convertir en una "u" (también una "gü") a causa de la terminología anglosajona presente ya en nuestras vidas.
Igualmente curiosa es la similitud entre la "c" y la "k", imposibles de diferenciar fonéticamente, y la que se da entre la "g" y la "j", aunque la primera

conserva otra forma de pronunciación según la letra que lleve a continuación.

La letra "ñ" es también otro de los ejemplos que perviven solamente en el idioma español, pues ni siquiera otros idiomas latinos como el portugués o el italiano la incorporan en su abecedario. Los primeros la han sustituido por la "nh" y los segundos, junto con los franceses, por la "gn".

Finalmente, debemos admitir que hace años la mayoría de las personas pronuncian ya como iguales la "x" y la "s", pero aunque si la pervivencia de las letras de fonética similar mencionadas anteriormente nos parece extrañas, el premio mayor se lo lleva la "h", a quien alguien se le ocurrió hacerla muda.

Origen

La lengua latina fue el idioma de la Roma antigua y que gracias a la expansión del pueblo romano llegó a todo el mundo conocido, convirtiéndose en lengua predominante de la Europa occidental, siendo adaptada posteriormente por la iglesia católica. Pero sus orígenes son mucho más antiguos, pues en tiempos prehistóricos fue traída a la península Itálica por unos pueblos que procedían del norte de Europa.   Junto a esta lengua se desarrollaron el sánscrito y el griego, así como la céltica y germánica, mezclándose con los dialectos falisco, latino y algunos otros como el osco y el umbro.

Los primeros textos encontrados en latín proceden del siglo VI a.C., y desde entonces acusó la influencia de los dialectos célticos del norte de Italia, de la lengua etrusca y del griego. Su edad de oro la podemos establecer desde el año 70 a.C. hasta el 14 d.C., justo cuando personas de tanto renombre como Julio César, Cicerón y Tito Livio, así como los poetas Catulo, Lucrecio, Virgilio, Horacio y Ovidio, le otorgaron ya categoría mundial con sus escritos. Después vinieron Séneca y Tácito, mezclándose posteriormente con los dialectos bárbaros, pasándose ya a denominar como lengua latina para diferenciarla con la lengua romana.

El latín permaneció como lengua oficial en la época medieval, especialmente gracias al uso que le otorgó la iglesia, tanto en el culto como en los escritos, adquiriendo una categoría casi divina y llegando a ser empleada incluso por el pueblo en una forma más simplificada.

Este idioma llegó con pocas modificaciones sobre el original hasta el siglo XX, nuevamente gracias a la iglesia católica y a la obligatoriedad de seguir estudiándola en las escuelas, encontrándonos ahora con la forma que aún se asemeja bastante a la primitiva, e incluso podríamos considerarla como más rica y flexible.

Actualmente no hay ningún buen orador que se precie que no conozca el latín al menos de una forma superficial, pues muchas de las expresiones que luego veremos siguen siendo de uso frecuente en los discursos y presentaciones.

La norma lingüística

La forma escrita del lenguaje tiene un prestigio mayor que la oral y por ello posee una mayor complejidad gramatical y un léxico más preciso. Así pues, la norma escrita, que se suele denominar literaria, influye mucho entre los estudiantes durante su estancia académica, pero mucho menos entre el resto de la población. En ciertas situaciones, las personas públicas intentan imitar las normas escritas, pero a causa precisamente de su extrema complejidad caen en numerosos errores. Del otro lado, hay escritores que tratan de apartarse precisamente de las normas académicas y escriben sus relatos o artículos valiéndose casi exclusivamente del lenguaje coloquial, más asequible para la gran mayoría de las personas pero no tan perfecto como el otro.

Los editores, como comerciantes del lenguaje escrito, no gustan del lenguaje coloquial y prefieren incluir entre sus autores a aquellos que se ciñen más a las normas establecidas de la lengua, en España la Real Academia, aún cuando esto ocasione menos lectores de sus obras.
El problema es que el lenguaje nunca podrá ser igual a lo escrito, básicamente por la imposibilidad de modificar rápidamente o concienzudamente lo que estamos diciendo en ese momento. El escritor

puede emplear horas y hasta días para elaborar un pequeño discurso, modificando y perfeccionando una y otra vez sus palabras, pero el orador no dispone de esa ventaja. Por eso debemos ser muy tolerantes con los errores verbales de las personas que hablan ante el público, especialmente con aquellos que improvisan, pues se encuentran con pocas posibilidades de hacer floridas sus palabras.

Tampoco hay que ser severos con aquellos escritores que prefieren el lenguaje coloquial, pues en su intento de plasmar en el papel lo que es realidad en la calle, lógicamente deben incurrir en alteraciones de las normas académicas. Además, el lenguaje coloquial siempre lo entienden todos los lectores, los cultos y los menos cultos, mientras que los otros obligan a la mayoría a disponer de un diccionario de sinónimos a su alcance, al menos si pretenden entender todo lo que el escritor ha querido decir.

Lo que se puede pedir a un orador es que adecue sus palabras al lugar y el público que tiene delante, empleando diversas modificaciones en su léxico, tal y como hace un padre cuando habla con su pequeño hijo o cuando está con sus amigos.

La norma en una lengua en realidad es su variedad, pues dejando a un lado las faltas de ortografía, no existe un modo más perfecto que otro de hablar. De ser tan rígidas las normas, solamente un escritor habría pasado a la historia, cuando la realidad nos demuestra que hay un lugar para todos.

La conclusión es que la norma lingüística hablada es la que debe regir la escritura, nunca al revés, siendo la comunidad de hablantes quienes tienen que ir modificando el lenguaje e introduciendo las nuevas expresiones. Por desgracia, cuando se enseña una lengua se enseña las normas escritas, y quienes la aprenden no pueden incorporar sus propios hábitos personales.

Fisiología del habla

Aunque muchos de los órganos humanos de la fonación tienen otras funciones como la de comer, están tan perfectamente dispuestos para el habla que el lenguaje humano aparece como el mejor procedimiento de comunicación entre los seres vivos. En el acto de hablar una corriente de aire sale de los pulmones, se modifica por la vibración de las cuerdas vocales, el movimiento de la lengua, el paladar blando y los labios; también se ve obstruida por los dientes y se la puede obligar a pasar por la cavidad nasal. Las personas que tienen trastornos fisiológicos en el habla, aunque posean un lenguaje, lo que hacen es cambiar el sistema de comunicación, por ejemplo por medio de signos visuales, como hacen los mudos.

Mediante el habla proferimos palabras para darnos a entender, pronunciamos un discurso, conversamos, convenimos y concertamos. Nos expresamos y manifestamos nuestros deseos con cortesía y benevolencia en ocasiones, con agresividad y deseos de hacer daño en otras. También emitimos opiniones favorables o adversas acerca de personas o cosas, tenemos relaciones amorosas, murmuramos o criticamos.

Dicen que **cada uno habla como quien es**, dando a entender que regularmente se explica cada uno conforme a su nacimiento y crianza, y esto lo hacemos frecuentemente **hablando alto** para explicar con libertad o enojo nuestras razones, y también **a tontas y a locas**, que significa hablar uno sin reflexión y lo primero que se le ocurre, aunque sean disparates.

Hablar claro es decir uno su sentir desnudamente, sin adulación, y **hablar uno consigo** supone meditar o discurrir sin llegar a pronunciar lo que se medita o discurre. **Hablar en cristiano** es hablar claro, de manera que se entienda, mientras que **hablar por hablar** es decir una cosa sin fundamento ni sustancia y sin venir al caso.

Más contundentes son las frases **¡Ni hablar!** que indica la no aceptación de una cosa, lo mismo que **¡Ni hablar del peluquín!**

No se hable más de ello supone cortar una conversación o dar por concluido un negocio o disgusto, mientras que el certero refrán que dice **Quien mucho habla, mucho yerra**, denota el inconveniente de hablar en demasía.

La comunicación entre las personas

La palabra comunicación viene del latín *communicare*, es decir, hacer común, compartir, impartir y transmitir. Por eso, en su sentido social, la comunicación abarca una gran gama de puntos de vista para su comprensión y descripción. Uno de los intentos más útiles para definirla está basado en abundantes materiales de filosofía, retórica, artes literarios y dramáticos, lingüística y semántica, teoría del aprendizaje, psicología, sociología, ciencias políticas, hipnotismo y matemáticas. Según este intento de definición, el componente inicial del proceso de comunicación es una idea o impulso en la mente del Comunicador, siendo el segundo paso la expresión formal o codificación de la idea e impulso, para elaborar el mensaje o señal. El tercer elemento es la interpretación de quien percibe el mensaje, así como la percepción del mismo mensaje por un público o personas que lo reciben indirectamente, aunque el mensaje no esté dirigido a ellos.

La comunicación humana posee siete rasgos:

1. El lenguaje humano posee dos sistemas gramaticales independientes aunque interrelacionados: el oral y el mímico.

2. Siempre comunica cosas nuevas.

3. Distingue entre el contenido y la forma que toma contenido.

4. En la comunicación lo que se habla es intercambiable con lo que se escucha.

5. El lenguaje se emplea con fines especiales, detrás de lo que se comunica hay una intención.

6. Lo que se comunica puede referirse tanto al pasado como al futuro.

7. Los niños aprenden el lenguaje de los adultos y se transmite de generación en generación.

FORMAS DE EXPRESIÓN

Antítesis

Es cuando empleamos dos palabras o frases de significado opuesto con el fin de ampliar el contraste de ideas, como aquello de "los sonidos del silencio". Oposición o contrariedad de dos juicios o afirmaciones.

Apóstrofe

Momento en el cual el orador interrumpe el discurso para dirigirse a una persona ausente o muerta, a un objeto inanimado, o incluso a un dios, por lo que se puede definir también como plegaria, invocación, o monólogo. También, figura que consiste en cortar el hilo del discurso o la narración para dirigir la palabra con vehemencia a una o varias personas presentes.

Argot

Es la jerga, jerigonza, el lenguaje especial entre personas de un mismo oficio o actividad.

Clímax

Al igual que una película, es la disposición del discurso para que vaya aumentando su interés o importancia a medida en que transcurre.

Comparación

Cuando relacionamos dos ideas u objetos con el fin de establecer un símil o semejanza de ideas.

Concepto

Idea o pensamiento, en ocasiones extravagantes, que establece una analogía entre cosas totalmente diferentes. Idea que concibe o forma el entendimiento, aunque también es una sentencia, agudeza, dicho ingenioso, opinión, juicio o crédito en que se tiene a una persona o cosa.

Descenso

Son una serie de ideas que logran disminuir la importancia del discurso al final de un periodo, generalmente para lograr un efecto de reflexión.

Dialecto

En lingüística, dialecto es cualquier lengua en cuanto se la considera con relación al grupo de las varias derivadas de un tronco común. El castellano es uno de los dialectos nacidos del latín. Un dialecto es una variedad de una determinada lengua que se distingue claramente de aquellas que se emplean en otras zonas geográficas y por diferentes grupos sociales. Entre aquellos que hablan el mismo dialecto geográfico o social, existen otras variedades lingüísticas que dependen de situaciones específicas

Dicción

Se refiere a la palabra o grupo de palabras utilizadas para dar énfasis a una idea o sentimiento. El énfasis en el lenguaje proviene de la desviación consciente del orador con respecto al sentido literal de una palabra o al orden habitual de ese grupo de palabras en el discurso.

Eufemismo

Frase o sentencia que tiene connotaciones desagradables o molestas, por otra más sutil y aparentemente inofensiva. Se emplean ahora en política, especialmente cuando se dictan leyes o acuerdos que van a perjudicar a un grupo de personas. De esta manera, los hechos desagradables pretenden ser menos e incluso pasar desapercibidos.

Exclamación

Forma del lenguaje, habitualmente exagerada y fingida, que expresa una emoción intensa. Dispone de una entonación más alta que el resto del discurso y en ocasiones es difícil saber si es sincera o forma parte de un engaño sutil. Voz, grito o frase en que se refleja una emoción, sea de alegría, de pena, etc.

Gramática

La gramática es el arte de hablar y escribir correctamente un idioma, pues estudia los elementos de una lengua y sus combinaciones. Plasmada en libros que contienen estos conocimientos, pretende distinguir entre los usos correctos e incorrectos de una lengua determinada. La gramática comparada estudia las relaciones genéticas que pueden establecerse entre dos o más lenguas, mientras que la descriptiva estudia una lengua, sin considerar los problemas diacrónicos.

Cualquier lenguaje humano tiene una estructura gramatical en la que las unidades fónicas se combinan para producir un significado. Los distintos tipos de palabras forman sintagmas que a su vez se combinan para formar unidades mayores, oraciones y párrafos.

Hipérbole

Se considera adulación cuando la exageración beneficia a la persona, aunque frecuentemente se emplea para menospreciar o denigrar al enemigo. Habitualmente la escuchamos para hablar despectivamente del aspecto físico de las personas.

Interrogación retórica

Podríamos considerarla como una pregunta que no necesita respuesta, e incluso que es imposible responder a ella pues la conclusión está implícita.

Ironía

Modo de expresión con el cual se suele transmitir un significado contrario a su sentido literal, también denominado humor seco o sarcasmo, pues es lo mismo que aplaudir las malas acciones. En realidad, burla fina y disimulada.

Jerga

Lenguaje especial y familiar que usan entre sí los individuos de ciertas profesiones y oficios, como toreros, estudiantes, etc. Cuando es difícil de entender se denomina jerigonza.

Lenguaje

Medio de comunicación entre los seres humanos por medio de signos orales y escritos que poseen un significado. En términos generales, facultad que posee el hombre de comunicarse con los demás a través de sonidos a los que otorga un significado. En sentido aún más general, cualquier sistema de comunicación usado por el hombre o los animales. Es también la manera de expresarse, el estilo y modo de hablar y escribir de cada uno en particular y el conjunto de señales que dan a entender una cosa.
El lenguaje logra transcribir los sonidos utilizando signos gráficos, mientras que la mímica sustituye la palabra por los gestos.

Lingüística

El sistema lingüístico es un derivado de otro; normalmente con una concreta limitación geográfica, pero sin diferenciación suficiente frente a otros de origen común. Posee estructuras simultáneas a otras, que no alcanzan la categoría de lengua.

Metáfora

Se trata de usar una palabra o frase en lugar de otra con el fin de sugerir un vínculo entre ambas. Tropo que consiste en trasladar el sentido recto de las voces en otro figurado, en virtud de una comparación tácita.

Metonimia

Consiste en designar una cosa con el nombre de otra tomando el efecto por la causa o viceversa, el autor por sus obras, el signo por la cosa significada, etc. La diferencia fundamental entre metonimia y metáfora, estriba en que los términos puestos en comparación en la metáfora pertenecen a dos campos semánticos distintos, y en la metonimia pertenecen al mismo campo.

Onomatopeya

Imitación con palabras de sonidos naturales: tictac, guau guau, tintineo. También, el mismo vocablo que imita el sonido de la cosa nombrada con él o el empleo de vocablos onomatopéyicos para imitar el sonido de las cosas. Por medio de la armonía imitativa pueden reproducirse ciertos efectos auditivos y hasta emotivos por la repetición de determinados fonemas.

Paradoja

Enunciado que resulta absurdo para el sentido común o para las ideas preconcebidas. Idea extraña u opuesta a la común opinión y al sentir de los hombres. Aserción inverosímil o absurda, que se presenta con apariencias de verdadera.

Personificación

Representación de objetos inanimados o ideas abstractas como seres vivientes, tal y como se muestra en los cuentos o fábulas. Persona o cosa que personifica lo que se expresa.

Retórica

En su sentido más amplio, teoría y práctica de la elocuencia, sea hablada o escrita. Arte del bien decir, de dar al lenguaje eficacia bastante para deleitar, persuadir o conmover, aunque para algunos es algo impropio. Razones que no son del caso. La retórica forma parte de todo discurso que se propone influir en la opinión o en los sentimientos de la gente y, en tal sentido, se considera una forma de propaganda.

Semántica

Se refiere al estudio del significado de los signos lingüísticos y de sus combinaciones, desde un punto de vista sincrónico y diacrónico, siendo un componente de la gramática que interpreta el significado de los enunciados generados por la sintaxis y el léxico.

En el lenguaje humano es imprescindible que el orador relacione unos sonidos con un significado y que, a su vez, ese significado sea percibido y comprendido por otras personas que comparten la misma lengua. Una vez entendido el proceso de comunicación de los sonidos y sus significados, coloca a la gramática en el papel de un mecanismo que enlaza el pensamiento y las ideas con la lengua que las transmite.

USO DE LA B Y LA V

Aunque ya se ha dicho que casi nadie diferencia fonéticamente las letras b y v, he aquí una relación de palabras homófonas en las que el cambio de una letra por otra altera su significado. El orador deberá poner cuidado en diferenciar su pronunciación en estos casos, especialmente si es maestro o locutor.

Se escriben con B	Se escriben con V
Abocar (asir por la boca)	Avocar (llamar a un tribunal o juez)
Baca (portaequipajes)	Vaca (animal)
Bacía (recipiente)	Vacía (falta de contenido)
Bacilo (bacteria)	Vacilo (de vacilar)
Balar (dar balidos)	Valar, vallar (poner vallas)
Bao (pieza de un buque)	Vaho (vapor)
Baqueta (palo de músico)	Vaqueta (cuero de vaca)
Bario (metal)	Vario (diverso)
Barita (óxido de bario)	Varita (diminutivo)
Barón (título de nobleza)	Varón (del sexo masculino)
Basca (argot o ansia)	Vasca (del País Vasco)
Basto (burdo)	Vasto (extenso)
Baya (fruto)	Vaya (del verbo ir)

Bello (hermoso)	Vello (pelo)
Beta (letra griega)	Veta (filón)
Bienes (posesiones)	Vienes (verbo venir)
Biga (Carro de dos caballos)	Viga (madero)
Bobina (carrete)	Bovina (animal)
Bolea (juego con bolas)	Volea (golpe en el aire)
Bota (calzado)	Vota (verbo votar)
Bote (embarcación, vasija y salto)	Vote (verbo votar)
Cabe (verbo caber)	Cave (verbo cavar)
Cabo (categoría)	Cavo (verbo cavar)
Combine (de combinar)	Convine (de convenir)
Embestir (empujar fuerte)	Envestir, Investir (otorgar dignidad)
Grabado (técnica de grabar)	Gravado (relativo a impuestos)
Grabe (registrar o marcar)	Grave (serio)
Hierba (vegetal)	Hierva (someter a ebullición)
Óbolo (cantidad pequeña)	Óvolo (de óvalo)
Rebelar (oponerse)	Revelar (descubrir)
Rebotar (botar varias veces)	Revotar (votar de nuevo)
Sabia (mujer con sabiduría)	Savia (fluido de las plantas)
Tubo (cilindro hueco)	Tubo (tener)

ERRORES EN EL LENGUAJE

He aquí los errores más frecuentes en cuanto al uso del lenguaje:
(En primer lugar, en **negrita**, pongo la palabra errónea y después la correcta)

A más que: Además
¿A qué estamos hoy? : ¿Qué día es hoy?
Abejarruco: Abejaruco
Absceso: Acceso (entrada, llegar).
Absurdez: Absurdo
Abujero: Agujero
A campo través: A campo traviesa
A condición que: Con la condición de que
A delante de: Delante de
Aereonauta: Aeronauta
A expensas mías: A mis expensas
Afectuosísimo: Afectísimo
Afusilar: Fusilar
Al tiempo que: A tiempo que
Alcahueses: Cacahuetes
Almóndiga: Albóndiga
A más que: Además
Amerizar: Amarar
Andamos: Anduvimos
Anticualla: Antigualla
Arrejuntarse: Juntarse
Aspirador: Aspiradora
Astinencia: Abstinencia
Atiforrado: Atiborrado
Axfisiante: Asfixiante

Barajear: Barajar
Blancucho: Blancuzco
Blincar: Brincar
Calcamonía: Calcomanía
Calentito: Calientito
Calzoncillo: Calzoncillos (no hay singular)
Carie: Caries (no hay singular)
Carnavales: Carnaval (no hay plural)
Centriquísimo: Muy céntrico
Checoeslovaco: Checoslovaco
Circustancia: Circunstancia
Cocreta: Croqueta
Con el objeto de: Con objeto de
Confraternizar: Fraternizar
Conjuntamente con: Juntamente con
Con todo y con eso: A pesar de todo
Cortacircuito: Cortocircuito
Cuadrigésimo: Cuadragésimo
Cuerpazo: Corpazo
Deducí: Deduje
De parte mía: De mi parte
De seguido: Uno tras otro
De tanto en cuanto: De vez en cuando
Desafortunadamente: Por desgracia
Desapercibido: Inadvertido
Deshumidificador: Deshumedecedor
Desquebrajar: Resquebrajar
Destornillarse: Desternillarse
Distendir: Distender
En diferido: Transmisión diferida
En especies: En especie
En pelotas: En pelota

En plena calle: En medio de la calle
En todavía: Todavía
Engangrenarse: Gangrenarse
Ennumerar: Enumerar
Enquencle: Enclenque
En tanto en cuanto: Siempre que
Equívoco: Equivocación
Eruptar: Eructar
Escribienta: La escribiente
Escurrideras: Escurriduras
Esparcer: Esparcir
Esquíes: Esquís
Estar por casa: Estar en casa
Estudianta: Estudiante
Expansionar: Expandir
Expendiduría: Expendeduría
Falsa maniobra: Maniobra equivocada
Farmaceuta: Farmacéutica
Fertilísimo: Muy fértil
Finalización: Terminación
Fiscalidad: Fiscalización
Folletón: Folletín
Fraticida: Fratricida
Friegaplatos: Lavaplatos
Frío como un témpano: Frío como un témpano de hielo
Fustrar: Frustrar
Fundamentado: Fundado
Gaseoducto: Gasoducto
Genjibre: Jengibre
Grandón: Grandullón
Grillado: Guillado, chiflado.

Hasta qué punto: Cuánto
Hidúe: Hindú
Hispanoparlante: Hispanohablante
Hojadelata: Hojalata
Hora a hora: Hora tras hora
Idiosincracia: Idiosincrasia
Imprimido: Impreso
Inaguración: Inauguración
Incustrar: Incrustar
Indiscrección: Indiscreción
Inexcrutable: Inescrutable
Infraganti: In fraganti
Ingeniero agrícola: Ingeniero agrónomo
Inrompible: Irrompible
Intérvalo: Intervalo
Intrigador: Intrigante
Invernación: Hibernación
Invite: Invitación
Jugar un papel: Desempeñar un papel
Lagrimógeno: Lacrimógeno
Lásers: Láseres
Lejísimo: Lejísimos
Líbido: Libido
Limpiabrisas: Limpiaparabrisas
Llevar buena conducta: Observar buena conducta
Llevar prisa: Tengo prisa
Magnetofón: Magnetófono
Malencarado: Malcarado
Marajá: Maharajá
Más o menos: Poco más o menos
Masajear: Amasar
Metementodo: Metomentodo

Metereología: Meteorología
Microcosmos: Microcosmo
Mielero: Melero
Monaguesco: Monegasco
Moñiga: Boñiga
Necesitarse: Necesitar
Negocianta: Una negociante
Nobel: Nóbel
Noño: Ñoño
Norcoreano: nortecoreano
Noreste: Nordeste
Objección: Objeción
Onzavo: Onceavo
Ofelinato: Orfanato
Pirriarse: Pirrarse
Presionar: Hacer presión
Pretencioso: Presuntuoso
Reostato: Reóstato
Revindicar: Reivindicar
Rimanía: Rumania
Sútil: Sutil
Traducí: Traduje
Vertir: Verter
Yugoeslavo: Yugoslavo

MODISMOS Y LOCUCIONES

Se trata del modo particular de hablar propio y privativo de una lengua, que se suele apartar en algo de las reglas generales de la gramática. Suelen emplearlos quienes prefieren decir lo mismo hablando de modo diferente. Estos son los más frecuentes:

LO HABITUAL	OPCIÓN
A bocajarro	De improviso
A brazo partido	Denodadamente
A buen recaudo	Bien custodiado
A buen seguro	Ciertamente
A bulto	Sin reflexión
A cara descubierta	Públicamente
A carrera tendida	A todo correr
A carta cabal	Intachable
A ciegas	Sin reflexión
A ciencia cierta	Con toda seguridad
A contrapelo	Contra la dirección normal
A cosa hecha	Con éxito asegurado
A cuatro patas	A gatas
A cuerpo de rey	Con toda comodidad
A cuerpo descubierto	Sin ayuda o resguardo
A chorros	Con abundancia
A destiempo	Fuera de tiempo

A diario	Todos los días
A diestro y siniestro	Sin orden ni discreción
A dos pasos	A corta distancia
A escape	A todo correr
A escondidas	Ocultamente
A escuadra	Perpendicularmente
A gachas	A gatas
A la desesperada	Con remedios externos
A la funerala	Llevar armas mirando hacia abajo
A la luna de Valencia	Con las esperanzas frustradas
A las mil maravillas	De modo perfecto
A las primeras de cambio	Sin más ni más
A mandíbula batiente	A carcajadas
A manos llenas	Generosamente
A mares	En abundancia
A ojos vistas	Claramente visible
A palo seco	Sin adornos o complementos
A peso de oro	Muy bien pagado
A pie juntillas	Con terquedad y firmeza
A regañadientes	De mala gana
A sangre y fuego	Sin dar cuartel
Abrir en canal	Abrir de arriba abajo

De armas tomar	Decidido y resuelto
De bóbilis, bóbilis	A las primeras de cambio
De dientes afuera	Con falta de sinceridad
De higos a brevas	De tarde en tarde
De mala muerte	De poco valor
En tenguerengue	En equilibrio inestable
En un dos por tres	En un instante
Mano sobre mano	Ociosamente
Por antonomasia	Otorgar otro nombre
Sin más ni más	Precipitadamente
Tan pronto como	Enseguida

EXTRANJERISMOS

Se trata de una voz, frase o giro, de un idioma extranjero empleado en español. Están tan incorporados a nuestro lenguaje cotidiano que en ocasiones resulta casi imposible prescindir de ellos. Es más, quienes intentan hacer patria y despreciar en sus conversaciones las palabras más en uso, caen con frecuencia en el ridículo, pues no siempre existe una traducción exacta de cada palabra foránea.

A continuación, los extranjerismos más empleados y su posible traducción al español:

EXTRANJERISMO TRADUCCIÓN

Affaire	Del francés, suceso o escándalo
Affiche	Cartel de propaganda
Allegro	Movimiento musical moderadamente vivo
Amateur	Aficionado a un deporte o actividad
Argot	Lenguaje entre personas afines
Atrezzo	Utensilios de una obra teatral
Baby	Niño pequeño
Baquet	Asiento especial

	del conductor
Biscuit glasé	Bizcocho helado
Bluff	Noticia falsa o exagerada
Boite	Local para bailar y beber
Bouquet	Aroma de los vinos
Boy-scout	Chico explorador uniformado
Browning	Arma automática
Bungalow	Pequeña casa o apartamento de madera
Bureau	Mueble de escritorio con cajones
Cachet	Personalidad acusada, estilo
Close-up	Primer plano
Copyright	Derechos reservados
Cowboy	Vaquero
Crack	Quiebra financiera, bancarrota
Croupier	Empleado de casa de juego
Châteaubriant	Bistec con patatas
Chauvinisme	Chovinista, patriota
Dancing	Local de baile
Dossier	Expediente, sumario

Dribbling	Regatear, hacer correr el balón con los pies
Dumping	Vender con pérdidas
Fader	Potenciómetro en sonido
Ferry	Barco que transporta automóviles
Footing	Carrera suave aeróbica
Foulard	Tejido de seda
Gigolo	Gigoló, varón atractivo que vive de las mujeres
Gouache	Pintura que se disuelve en agua
Grosso modo	Sin detallar, por encima
Handicap	Inconvenientes, pegas, problemas
Hobby	Pasatiempo, afición, entretenimiento pasional
Home	Casa, principio
In crescendo	Aumentando poco a poco
Kermesse	Kermés, fiesta popular al aire libre
Knock-out	Púgil fuera de

	combate
Leitmotiv	Motivo principal de vida
Limousine	Limusina, automóvil grande y de categoría
Lock-out	Cierre patronal
Looping	Rizar en rizo en un deporte
Lunch	Almuerzo suave
Made in	Fabricado en
Marrons glacés	Marrón glasé, castañas en dulce
Matinée	Espectáculo de la mañana
Music-hall	Teatro de variedades, musical
Office	Pieza continua a la cocina donde se ordena la comida
Off-side	Fuera de juego en los deportes
Partenaire	Compañero en las manifestaciones artísticas
Passe-partout	Marco de cartón para fotografías
Pastiche	Imitación burda del original
Pêle-mêle	Confusamente
Pentathlon	Pentatlón, cinco

	pruebas deportistas distintas
Poularde	Gallina cebada
Push-pull	Sistema de rejilla en equipos de audio
Putsch	Golpe de fuerza para hacerse con el poder
Rapport	Resumen, memoria de trabajo
Rôle	Rol, papel como actor o actriz
Set	Conjunto, lugar de juego o trabajo
Sex-appeal	Atractivo sexual
Shock	Desarreglo, conmoción, impacto
Sketch	Cuadro de teatro, boceto, apunte
Surmenage	Agotamiento por exceso de trabajo
Tête-à-tête	Conversación en privado
Vaudeville	Revista musical elegante
Vis-à-vis	Frente a frente
Voilà	He aquí, fin de algo
Week-end	Fin de semana, descanso

Palabras más recientes

Son, igualmente, de origen extranjero y algunas poseen su propia pronunciación y escritura en nuestro idioma, pero al igual que antes el orador deberá emplear el argot habitual, evitando utilizar frases que puedan parecer pretenciosas.

EXTRANJERISMO TRADUCCIÓN

After-shave	Loción para después
Airbag	Escudo de aire que se infla automáticamente
Aquaplaning	Deslizamiento sobre el agua
Backup	En informática, copia de seguridad
Bacon	Se admite panceta
Caché	En informática, lugar para esconder datos
Compact disc	Disco compacto
Consulting	Asesoría empresarial
Doping	Dopaje, drogarse
Full time	A tiempo completo
Gag	Chiste
Holding	Compra de acciones por otra empresa
Hacker	Persona experta en

	informática que efectúa acciones ilegales
Impasse	Punto muerto en una situación
Interface	Interfaz, Interconexión
Jack	Enchufe macho
Jacuzzi	Baño oxigenado para hidromasaje
Jet-foil	Hidrofoil, barco elevado mediante aire
Joystick	Palanca de mando para juegos
Karaoke	Cantar con música de fondo grabada
Leasing	Alquiler de un equipo o material
Lifting	Arreglo o maquillaje de la cara
Light	Poco, ligero, luz
Lobby	Grupo de presión
Mailing	Envío postal
Modem	Modulador para transmitir datos
Ombudsman	Defensor del pueblo
Overbooking	Sobreventa empresarial
Paparazzi	Buscador de noticias sin permiso

Royalty	Comisión
Ranking	Clasificación
Score	Tanteo, recuento
Sponsor	Espónsor, patrocinador
Spot	Ubicar, lugar. También, anuncio
Staff	Personal, cuerpo administrativo
Stand	Plataforma, puesto, tenderete
Stock	Existencias, reservas
Top-less	Desnudo de la parte superior
Walking	Andar, pasear
Western	Occidental, película de vaqueros

NOTA:

El plural de los nombres extranjeros cuyo homólogo en español aún no es de uso popular, es preferible escribirlo en singular antes que acudir a un morfema extraño a nuestros usos. No obstante, en aquellas palabras que ya son de uso habitual se admite añadir una "s" al final, aunque en la forma escrita se conservará el singular.

LOCUCIONES

Una locución es un modo de hablar, una frase, y una combinación estable de dos o más palabras que funciona como oración o como elemento oracional y cuyo sentido unitario no se justifica siempre como suma del significado normal de los componentes.

En este apartado trataremos de algunas habituales que, aun siendo correctas, deberían cambiarse a una forma más adecuada. En primer lugar se pone la más utilizada vulgarmente y en segundo, en negrita, la recomendada:

A buen fin: **con buen fin**
A cada cual más: **a cual más**
A causa que: **a causa de que**
A condición que: **a condición de que**
A cuenta de: **por cuenta de o a costa de**
A dondequiera: **adondequiera**
A excepción hecha de: **a excepción de**
A expensas mías: **a mis expensas**
Al galope: **a galope**
A más: **Además**
A más precio: **a mayor precio**
A ojos vistos: **a ojos vistas**
A pesar que: a pesar **de que**
A poco: **por poco**
A propósito de: **acerca de**
¿A qué estamos hoy?: **¿qué día es hoy?**
A troche moche: **a troche y moche**

Bajo el pretexto de: **con el pretexto de**
Bajo el punto de vista: **desde el punto de vista**
Bajo estas condiciones: **con estas condiciones**
Bajo este concepto: **en este concepto**
Bajo qué condiciones: **en qué condiciones**
Buque de vela: **buque a vela**

Caer en cuenta: **caer en la cuenta**
Caer en la cuenta que: **caer en la cuenta de que**
Caer en el ridículo: **caer en lo ridículo**
Cojinete a bolas: **cojinete de bolas**
Cola de pez: **cola de pescado**
Con base a: **de acuerdo con**
Conjuntamente con: **juntamente con**
Con no importa qué: **con cualquier cosa**
Conocer por vez primera: **ver por vez primera**
Con tal de que: **con tal que**
Con todo y con eso: **a pesar de todo, con todo**
Convencerse que: **convencerse de que**

Dar lectura: **leer**
Dar la murga: **importunar, molestar**
Dar oídas: **dar oídos**
Dar palabra que: **dar palabra de que**
Dar pena: **causar pena**
Dar prestado: **prestar**
Dar la seguridad: **dar palabra, prometer, asegurar**
De acuerdo a: **de acuerdo con**
De antes: **antes**
De conformidad: **en conformidad con**
De más en más: **cada vez más**

De parte mía: **de mi parte**
De peor en peor: **de mal en peor**
De seguido: **uno tras otro, sucesivamente**
De tanto en cuanto: **de cuando en cuando**
De todos modos: **de cualquier modo**
De vez en vez: **de vez en cuando, de cuando en cuando**
De conformidad a: **de conformidad con**
De dos cosas, una: **una de dos**
De más en más: **cada vez más**
De modo y manera que: **de modo que**
De por fuerza: **a la fuerza**
Desafortunadamente: **por desgracia**
De seguido: **una tras otro, sucesivamente**
De todos modos: s**ea como fuere, de cualquier modo, con todo**
Diez mujeres sobre cien: **Diez mujeres de cada cien**
Diferencia de más: **diferencia en más**
Divertirse horrores: **divertirse mucho**

Egoísticamente: **con egoísmo**
En base a: **basándose en**
En breve: **en resumen**
En defecto de: **por falta de**
En dirección de: **en dirección a**
En directo: **transmisión directa**
En el momento que: **en el momento en que**
A favor mío: **a mi favor**
En honor a: **en honor de**
En la mitad: **en medio**
En lo que: **mientras**

En pelotas: **en pelota**
En plena calle: **en medio de la calle**
En plena sesión: **durante la sesión**
En pos mío: **en pos de mí**
En provincia: **en provincias**
En tal caso: **en todo caso**
En tanto en cuanto: **en cuanto**
Encantado en conocerle: **encantado de conocerle**
Encontrar a faltar: **echar de falta, echar de menos**
En gran escala: **pródigamente**
Enseñanza secundaria: **segunda enseñanza**
Es ahora que: **ahora es cuando**
Es allí: **allí es donde**
Es así que: **así es como**
Es entonces que: **entonces es cuando**
Estación de servicio: **gasolinera**
Estar a las últimas: **estar en las últimas**
Estar convencido que: **estar convencido de que**
Estar en condiciones de: **estar en condición de**
Estar por casa: **estar en casa**
Exitosamente: **con éxito**
Expresión afortunada: **expresión feliz**

Falsa alegría: **alegría fingida**
Falsa esperanza: **esperanza ilusoria**
Falsa maniobra: **maniobra equivocada**
Film: **filme**
Freelancer: **trabajador autónomo**
Fregaplatos: **fregador de platos**
Frío como un témpano: **frío como un témpano de hielo**
Fundamento de causa: **conocimiento de causa**

Fusil ametralladora: **fusil ametrallador**

Gente de letras: **escritores**
Golpe de hacha: **hachazo**
Golpe de vista: **ojeada**
Gusto de conocerle: **gusto en conocerle**

Haber de menester**: haber menester**
Hablar en el aire: **hablar al aire**
Hacer el artículo: **alabar, ponderar**
Hacer empeño en: **poner empeño en**
Hacer honor: **honrar**
Hacer la guerra: **combatir, guerrear**
Hacer mala cara: **tener mal semblante**
Hacer necedades: **desatinar**
Hacer presión: **presionar**
Hacer una mala pasada: **jugar una mala pasada**
Hacer valer: **beneficiar**
Hacer de cruces: **hacerse cruces**
Hacerse ilusiones: **forjarse ilusiones**
Hacerse un nombre: **adquirir celebridad**
Hacerse valer: **imponerse**
Hacia delante: **hacia delante**
Hasta el tuétano: **hasta los tuétanos**
Hasta qué punto: **cuánto**
Hijo primogénito: **primogénito**
Hombre de paja: **testaferro**
Hombre grande: **gran hombre**
Hora a hora: **hora tras hora**
Horror de malo: **pésimo**

Igual como: **igual que**

Ilusoriamente: **manera ilusoria**
Igual como: **igual que**
Impactar: **causar impacto**
Impasse: **crisis**
Insistir que: **insistir en que**
Ir en casa de: **ir a casa de**

Jardín zoológico: **parque zoológico**
Jornada de mañana: **jornada matutina**
Jugar un papel: **representar un papel**

Las más veces: **las más de las veces**
La pus: **El pus**
Lente de contacto: **lentilla**
Librar batalla: **trabar batalla**
Lock-out: **cierre patronal**
Llevar buena conducta: **observar buena conducta**
Llevar prisa: **tengo prisa**

Máquina a motor: **máquina de motor**
Más aquí: **más acá**
Más bien dicho: **mejor dicho**
Más cantidad: **mayor cantidad**
Más grande: **mayor**
Más inferior: **inferior**
Más o menos: **poco más o menos**
Más precio: **mayor precio**
Más pronto o más tarde: **más tarde o más temprano**
Médico veterinario: **veterinario**
Meterse de monja: **meterse a monja**
Montar a equis pesetas: **montar equis pesetas**

Morder el polvo: **caer tendido**
Motivado: **con motivo de**
Motor a explosión: **motor de explosión**
Motor a reacción: **motor de reacción**

Pedir razón: **Indagar, preguntar**
Precios locos: **precios exorbitantes**
Protestar de: **Protestar contra**
Provisionar: **Aprovisionar, abastecer**
Puerco espines: **Puercos espines, puercos espinos**
Puesta al día: **actualización**
Puesta a punto: **Preparación**
Puesta en escena: **Escenificación**
Puesta en marcha: **Arranque (cuando se trata de vehículos)**
Pulimiento: **Pulimento**
Punto de referencia: **Referencia**
Puntos clave: **Puntos claves**

Qué sé yo qué: **Qué sé yo**
Quedarse en silencio: **Guardar silencio, callar**
Quemazo: **Quemadura**
Quienesquieran: **Quienesquiera (plural de quienquiera)**
Quitar de por medio: **Quitar de en medio**

Rabanada: **Rebanada**
Radioactivo: **Radiactivo**
Radioemisora: **Emisora de radio**
Ralentí **Cámara lenta, marcha lenta**
Rasca: **Borrachera**
Raza humana: **Especie humana**

Recientísimo: **Recentísimo**
Recogedor: **Cogedor (Utensilio para recoger basura)**
Recordarse de: **Acordarse de**
Redescubrir: **Descubrir de nuevo**
Reescribir: **Escribir de nuevo**
Refluyente: **Refluente**
Reforestar: **Volver a forestar, replantar**
Reforzamiento: **Refuerzo**
Refrigeramiento: **Refrigeración**
Rehusarse: **Negarse a**
Reimprimido: **Reimpreso**
Remisor: **Remitente**
Rendirse a la evidencia: **Reconocer la evidencia**
Representante por: **Representante de (un país)**
Reservorio: **Depósito, recipiente**
Resolladero: **Respiradero**
Retomar: **Volver a tomar**
Ridiculizarse: **Quedar en ridículo**
Riego a aspersión: **Riego por aspersión**
Rocambolesco: **Fantástico, extraordinario**
Ropa de cada día: **Ropa de trabajo**

Saber de buen origen: **Saber de buena tinta**
Saberlo al pelo: **Saberlo al dedillo**
Sacar a la luz: **Sacar a luz**
Sacar la cara: **Dar la cara**
Salga lo que salga: **Salga lo que saliere**
Salir a deseo: **salir a medida del deseo**
Salir afuera: **Salir**
Salir al paso a: **Salir al paso de**
Salir en hombros: **Salir a hombros**

Sastifecho: **Satisfecho**
Según tú: **Según tu opinión, según tu parecer**
Seguro de accidentes: **Seguro contra accidentes**
Sentido: **Dirección** (cuando se refiere a recorridos)
Señorita vieja: **Solterona**
Ser feliz de: **Tener mucho gusto en**
Se tituló de: **Obtuvo el título de ...**
Somos a 15: **Estamos a 15**
Servicio fúnebre: **Oficios fúnebres**
Servir a algo: **Servir para algo**
Servir de comer: **Servir la comida**
Sinsentido: **Carecer de sentido**
Sobre medida: **A la medida**
Soluto: **Resuelto**
Staff: **Equipo (científico o profesional)**
Subyacer: **Yacer debajo de**
Superlujoso: **Muy lujoso**
Supuestamente: **Presunto**
Symposium: **Simposio**

Tal: **Igual que**
Tal cual como: **Tal cual o tal como**
Tan es así: **Tanto es así**
Tan siquiera: **Siquiera**
Tantos por cientos: **Tantos por ciento**
Tea: **Borrachera**
Tener efecto: **Tener lugar, efectuarse, celebrarse**
Tener el aire de: **Parecerse a**
Tener el honor: **Tener la honra, honrarse**
Tener la honra de ser: **Tener a honra ser**
Tener la impresión que: **Tener la impresión de que**

Tener sociedad: **Tener buen trato, tener mundo**
Teniente alcalde: **Teniente de alcalde**
Tentado a: **Tentado de**
Tirar al azar: **Tirar a bulto**
Tiro de pichón: **Tiro al pichón**
Tocar a la lotería: **Tocar la lotería**
Tocar una hora: **Dar una hora**
Tocino de cielo: **Tocino del cielo**
Toda clase de: **De toda clase**
Todo a lo largo: **a lo largo**
Todo entero: **Enteramente, completamente**
Todo lo más: **A lo más, a lo sumo**
Todos quienes: **Todos los que**
Tomar a pecho: **Tomar a pechos**
Tomar por testigo: **Poner por testigo**
Tomar ventaja de: **Sacar provecho de**
Tubo eléctrico: **Bombilla**

Ultra: **Extremista político**
Una de las dos cosas: **Una de dos**
Una hora y media: **Hora y media**
Un buen día: **Cierto día, un día**
Un año y medio: **Año y medio**
Uniformizar: **Uniformar**

Vacacionar: **Tener vacaciones**
Vaya que: **No vaya a ser que, no sea que**
Venir con dimes y diretes: **Andar con dimes y diretes**
Venirse algo a la cabeza: **Ocurrírsele algo a uno**
Vigente en la actualidad: **Vigente**
Visitar al médico: **Ir al médico**

LECCIÓN SEGUNDA

La puesta en escena

El éxito de una puesta en escena, una salida ante el público, se reafirma con la efectividad de la transmisión y comprensión del mensaje del emisor hacia los receptores o interlocutores posibles. Este aspecto, aparentemente improvisado, es objeto de estudio por los asesores de imagen de los políticos y actores del cine, con investigaciones que le confieren categoría "quasicientífica". Con estos análisis se han abierto numerosos campos para el estudio del comportamiento humano y el manejo de las emociones en grupos de personas, con aplicaciones en el campo de las ciencias humanas y de la educación.

¿Podemos entonces educar las emociones?
¿Es posible el entrenamiento sistemático en las áreas de desarrollo individual e interpersonal?
¿Es posible manipular a una gran masa de personas con la misma facilidad que a una sola?

La Inteligencia Emocional y el manejo de las relaciones interpersonales según las teorías planteadas por Goleman (1996-1998), afianzan la importancia del control de las características intangibles, aquellas que no pueden tocarse, tales como la autoestima, la comunicación verbal, la empatía o la propia personalidad. Una persona que pretenda dominar la escena pública, debe ser capaz de controlar y modificar en la medida en que sea necesario, sus conductas sociales.

El mundo de los recursos humanos y el desarrollo de personas en cuanto al ámbito laboral de las empresas, tiene cada vez mas necesidad de nutrirse de estas tendencias que arrojan luz para una integración de todas las dimensiones del clima sociolaboral y de las organizaciones. Por eso es necesario dominar también el lenguaje no verbal, la otra comunicación, y que resulta de gran importancia a aquellas personas que su situación de status profesional les supone relaciones de comunicación interpersonal en las que actúan a partes iguales mente y cuerpo.

Liderar

Los sistemas de liderazgo, estudiados y desarrollados en diferentes análisis y estudios científicos, nos revelan diferentes perspectivas dependiendo del punto de vista de la disciplina. Las actitudes del emisor con status de control y predisposición sobre un grupo de personas que siguen sus iniciativas, pueden variar dependiendo de la situación y sobre todo de los objetivos y tareas que éste marque en un momento determinado.

El lenguaje del cuerpo

Se trata de una cualidad que muchas personas han utilizado para establecer en cada momento unas pautas de actuación o una línea a seguir en determinados escenarios, ya sean cotidianos, laborales o sociales.

Un entrenamiento adecuado puede conseguir que nos sintamos mucho más seguros de nosotros mismos ante situaciones para las que hemos sido entrenados e, incluso, generar mecanismos de naturaleza no verbal en momentos imprevistos que comuniquen a nuestros interlocutores aquello que queremos transmitirles.

Según M. A. Marín, *"El éxito en la comunicación depende del funcionamiento correcto y adecuado de todos los componentes del sistema de comunicación y solemos partir de la convicción de que hacerse entender por un número pequeño o elevado de personas, es un arte que pude aprenderse. En la medida que se conocen y se ponen en práctica una serie de recursos por parte del emisor, se favorecerá la transmisión del mensaje y su correcta asimilación por parte de los receptores."*

Miedo a hablar en público

Ciertamente, hablar ante un grupo de personas con naturalidad y soltura no es fácil, y sabemos que no es suficiente con emplear los términos y recursos del lenguaje coloquial, sino que es necesario utilizar una serie de estrategias que refuerzan y complementan nuestro discurso, al mismo tiempo que atraen y mantienen la atención de los interlocutores. Del mismo modo, el control de estas estrategias puede ayudarnos a controlar ese pánico a hablar en público o miedo escénico que muchas veces es difícil disimular.

Es rara la persona que no confiese, en los primeros momentos de salir ante un numeroso público, que no le ha temblado la voz, que no sabía dónde poner las manos, mientras que su cuerpo parecía seguir un camino distinto al de su mente. En esos terribles momentos sus, hasta entonces, bien adiestrados músculos se vuelven torpes, por un lado incapaces de mantener sus piernas rígidas y sin temblores, mientras que por otro no consiguen mantener sus brazos en una posición natural. Por si fuera poco, la enorme sequedad de la boca le ocasiona una angustiosa afonía (casi imposible de mitigar con el oportuno vaso de agua), al mismo tiempo que una palidez acompañada por pequeñas gotas de sudor le delatan ante el público. En esos momentos se obnubila la mente y aunque se consiga mantener cierta compostura corporal, la verborrea no es fluida, se pierde la memoria de lo anteriormente aprendido, y si alguien del público inicia una protesta o un silbido de burla, el pánico se instaura en ese infeliz.

He aquí unos consejos imprescindibles para las primeras experiencias

1. Nunca mire directamente al público.

2. Evite realizar paseos y permanezca quieto en el sitio indicado.

3. No gesticule. Si no sabe qué hacer con los brazos mantenga algo en sus manos, aunque sea un vaso de agua casi vacío.

4. No se haga el entendido en ningún tema si no lo domina plenamente.

5. No se haga el gracioso y si ya está en ello, no insista demasiado. Si el primer chiste ha causado una gran cantidad de risas, pase el turno a otro invitado, así le recordarán con agrado.

6. Cuando tenga que hablar sea breve, especialmente en el preámbulo. Sobre todo no diga aquello de "unas palabras" cuando en realidad tiene previsto un discurso.

7. Hable lo menos posible de usted mismo.

8. No caiga en la tentación de hacer demasiados halagos de nadie. Llega a ser molesto hasta para el propio homenajeado.

Dos reglas básicas:

1. Ser breve.
2. Ir al grano.

Aunque lo mejor es que lleve las ideas en la cabeza, también sería conveniente que apuntase el orden y el tema de las cosas de las cuales va hablar. Cuando hable procure no leer directamente lo escrito, hágalo de reojo, especialmente si las hojas previstas son tantas que asusten al auditorio. Si usted empieza a leer y los asistentes ven más de cinco hojas, comenzarán a bostezar desde el primer párrafo. Sin embargo, si tiene poco o nada escrito la gente dará por supuesto que será breve y mantendrán su atención. Si su memoria no es buena o los temas a tratar son demasiados, lleve una discreta hoja para hablar por orden de todos los asuntos, pero improvise el resto.

Calibrar el tiempo disponible

Ya sabe que la frase de "lo breve si dos veces breve, mejor" es esencial en los discursos, aunque este concepto del tiempo no tiene una medida exacta. Hay momentos en los cuales los asistentes han llegado hasta allí precisamente para escuchar una larga plática y no desean que todo termine en unos pocos minutos.

Ahora le daré algunos consejos precisamente para cuando su monólogo se va a extender más allá de quince minutos, recordándole primero que para que todo sea un éxito deberá marcharse justo cuando el público esté aún entusiasmado con su presencia.

Recuerde que:

1. No hable mucho antes de comer y posiblemente tampoco después. La hora ideal es a media tarde o a primera hora de la mañana, pues en ambos casos los asistentes tienen una buena predisposición para escucharle largamente. Por la mañana les cogerá frescos, recién descansados, sin hambre y con ganas de escuchar y polemizar. Por la tarde, justo después de haber dejado ya su trabajo, sus cuerpos estarán lo suficientemente cansados como para agradecer estar sentados bastantes minutos.

2. En cualquier circunstancia, se recomienda un monólogo que no exceda de los 20 minutos. Si el acto tiene que durar más, es mejor que introduzca nuevos elementos o personas para romper la monotonía.

3. En el supuesto de que se prolongue más de lo planeado, deberá suspender momentáneamente su charla para proporcionar algo de comida y bebida, además de permitirles que se levanten y salgan al exterior. Cuando regresen les

tendrá sumamente agradecidos por este detalle tan considerado.

4. Los estudiantes son oyentes especialmente agradecidos, en parte porque están acostumbrados a escuchar largas horas a sus maestros, pero también por su deseo de aprender. Aprovéchese de ellos y extienda un poco más su plática.

5. Si se le acaban los recursos o cree que se está extendiendo más de lo prudente, no tenga reparos en llamar a alguno de los asistentes para que también le acompañe. Una voz nueva, una cara y unos textos diferentes, harán el milagro de no aburrir a las personas.

6. Si hay una hora prevista para comer no demore ni un solo minuto más su charla. Un estómago hambriento es el peor enemigo que se puede buscar.

7. Si tiene que ceder la palabra a otras personas prefijadas de antemano, sea cortés y no se pase ni un minuto de su tiempo disponible.

El éxito de un buen discurso

- Elabore su discurso como si fuera una novela: primero la introducción, luego el desarrollo y, finalmente, un rápido desenlace.

- Hable despacio pero con firmeza.

- Permita que la gente le interrumpa, así el discurso será más ameno.

- No hable de sí mismo.

- Si cuenta chistes no se ría usted mismo de ellos. De todas maneras, con uno suele ser suficiente.

- Emplee frases de otras personas famosas, e incluso ponga como ejemplo sus vidas.

- Si se queda en blanco o no sabe qué decir, pregunte a alguien del público; así serán ellos quienes sigan el coloquio.

- No se despida veinte veces. Hay personas que emplean más tiempo en despedirse que en hablar.

Su imagen

Ya sabemos que la imagen es lo primero que ven los oyentes, por lo que el lenguaje o conducta no verbal deberá ser adecuado al lugar y a las personas asistentes. Por un lado, y a través de estas conductas no verbales, se puede dar una imagen adecuada que sirva mejor que mil palabras, por lo que tendrá que estudiar la adecuada expresión de su rostro y su mímica. Todo debe expresar, sin ayuda aún del discurso de base, lo que desea transmitir, sea alegría, cólera, beligerancia, paz o soluciones a los problemas.

Del tono de su voz y de sus gestos dependerá el éxito de sus palabras, por lo que procurará dirigirse directamente al público, hacia todos, casi tendiéndoles las manos, evitando posturas cerradas como cruzarse de brazos.

Existen datos que nos afirman que el éxito de un discurso depende en un 65 por ciento de la comunicación no verbal, entre cuyos elementos se encuentran el aspecto personal, la edad y el sexo, pues dependiendo del auditorio así deberá ser, ya que no existe un modelo universal de aceptación. Una persona bien trajeada será bien recibida en un ambiente similar, de negocios o de presentación de un producto, mientras que en una reunión sindical o de ecologistas supondrá un rechazo a priori.

Del mismo modo, una mujer guapa y con un vestido que resalte sus formas o descubra piernas y escote, podrá ser un arma de ventas en la presentación de un producto, pero muy perjudicial en una reunión de madres preocupadas por la libertad sexual de sus hijos.

Hay ciertas frases negativas que se suelen pronunciar entre los asistentes y que condicionan ya el fracaso del discurso, independientemente de lo que se quiera mostrar o decir. Estas son algunas:

1. "Tiene cara de mala persona".
2. "¡Qué cara más desagradable tiene!".
3. "Me da mala espina".
4. "No me gusta su cara".
5. "Tiene una cara repulsiva".
6. "Me gustaría partirle la cara".
7. "Tiene cara de imbécil".
8. "Parece una golfa".

Por extraño que parezca, estas frases que se dicen de oreja a oreja parecen contagiarse, y al poco tiempo la mayoría de los asistentes tienen tal predisposición negativa hacia el orador que nada de lo que diga será de su agrado. En esta valoración intervienen muchos factores, el primero de ellos es que el aspecto físico sea algo fuera del normal en ese ambiente, bien sea por la edad, el corte de pelo o el vestuario, sin olvidar que la gordura y la baja estatura son otros dos detalles que más condicionan al oyente. Nadie sería capaz de menospreciar o reírse en la calle de un enano o una mujer muy obesa, pero en un auditorio las cosas son diferentes, pues la gran afluencia de gente otorga valor a muchas personas. Conscientes del respaldo que les proporcionan el resto de los asistentes, hay quien se atreve a gritar, abuchear y hasta insultar a un orador, solamente por el placer de humillarle.

El orador tiene que cuidar mucho todos los aspectos, especialmente la primera impresión que pueda causar, cuando camina nerviosamente hacia el micrófono desde las cortinas, en un recorrido que le parece interminable, aunque solamente sean cinco metros. Allí en medio le espera, por fin, su burladero, su pequeño parapeto detrás del cual se siente algo más protegido, de momento. Y cuando comienza a hablar, con el micrófono amplificando su diminuta voz, casi se cree un dios, justo hasta que alguien entre el público le grita el primer exabrupto.

Es imposible que nadie que no haya salido a un escenario alguna vez, con cientos de personas sentadas cómodamente en el patio de butacas, pueda ser consciente de lo que supone dar los primeros pasos, con docenas de ojos taladrando de momento su físico, pues su voz será escudriñada posteriormente. Les puedo asegurar, como experto en ello, que resulta imposible lograr que las primeras veces las piernas se den cuenta de que deben ir una detrás de la otra. Por razones comprensibles, ninguna quiere ir delante y por eso es normal que tiemblen y que incluso lleguen a tropezar entre ellas.

Por otro lado, con el aspecto, la pose, o la comunicación no verbal, se puede desarrollar una función de control consistente en hacer sentir la influencia de unos sobre otros, con el fin de modificar su conducta. Esto se logra muy bien en ambientes reducidos, pues en ellos es donde mejor se manifiesta el estatus, llegando a verse el poder y dominio sobre los demás. Todo ello se consigue con las miradas, el contacto físico que mantengamos, el poder persuasivo del lenguaje y con el engaño, pues se dice que el tono de voz de una persona suele aumentar con el engaño.

Algunos trucos

Un recurso que casi siempre da buenos resultados es aparecer entre el público para así efectuar apretones de manos con las personas más cercanas. Este método, en apariencia un acercamiento sincero al público, esconde realmente la primera muestra de poder al demostrar que el ídolo o el líder no tiene reparos en tocar a sus seguidores. Ello proporciona a todos los asistentes una diferencia clara, pues el orador es el personaje principal, el centro de la atención, y para quienes han tenido la fortuna de estrecharle la mano es casi ya como un dios venido a la tierra.
Si a usted le gusta esta opción debe saber dos cosas relacionadas con el sexo: los hombres están generalmente orgullosos de realizar un apretón de manos firme, lo mismo que las mujeres más liberales. Para el resto, el intercambio debe ser muy discreto, rápido y en ningún momento blando o suave.

Una vez pasada la primera fase del contacto, existe otro problema que hay que tener muy claro:

¿Debemos tutear al público o tratarle de usted? En los mítines políticos parece ya una norma generalizada el tuteo, pues así demuestra el candidato su deseo de integrarse con sus votantes. Ya sabemos que no es tan fácil y que tantos besos y abrazos llevan como única finalidad lograr la adhesión y el voto, pero ese lenguaje parece agradar a todos. Después, y ya en los contactos que inevitablemente se efectúan al finalizar el discurso, se recomienda que no se cometa el error clasista de llamar de tú a los empleados o personas de categoría económica baja, mientras que se emplea el "usted" para los consagrados socialmente. O todos, o ninguno, al menos cuando estén revueltos en el mismo lugar. La excepción está en los niños y los ancianos, pues las personas de más edad siempre agradecen cierta diferenciación en el trato y por eso se debe emplear el "usted" como norma básica, mientras que a los niños es imprescindible el tuteo y ponerse a su altura, literalmente hablando.

Cuando le están filmando

El problema cuando usted tiene delante una cámara de televisión es que todo quedará para la posteridad, el éxito y el fracaso, su sabiduría y su estupidez. En estos casos deberá cuidar todo su aspecto, no solamente la voz, pues aquí el mensaje es audiovisual y esto condiciona todo el desarrollo. Muchos locutores de prestigio en la radio han fracasado cuando han tenido delante una cámara de televisión, pues su entonación y volumen de voz, especialmente, no eran aptos para este medio. Otros, aparentemente poco o nada dotados para el lenguaje, con formas de expresión inadecuadas y en ocasiones vulgares, han conseguido permanecer en las pantallas televisivas año tras año.

Ahora el problema para usted es que tiene que convencer y gustar no solamente por lo que dice y cómo lo dice, sino por sus gestos faciales, su manera de estar en pie y desplazarse, su mímica corporal y, por supuesto, su indumentaria. Aquí la imagen vende más que mil palabras, aunque sin exagerar.

Estas son las diferencias que deberá tener en cuenta:

1. No se está dirigiendo solamente a los espectadores presentes, sino a miles de ellos sentados cómodamente en sus casas.

2. Ahora yo no es tan importante vocalizar perfectamente, aunque nunca sobra, sino los gestos que acompañen a su voz, nunca exagerados, siempre contenidos.

3. Su cara debe expresar lo mismo que está contando, salvo que sea el hombre del tiempo o cuente las noticias. En estos casos una expresión serena le será imprescindible.

4. No debe olvidar nunca que los teleespectadores le estarán escudriñando cada centímetro de su cuerpo durante toda su intervención, así que no se concentre solamente en la palabra.

5. Hay detalles corporales decisivos para agradar, como son la sonrisa, el peinado, la belleza en su conjunto y el traje.

6. En la televisión el lenguaje debe ser más coloquial, nada rebuscado o académico, pues nos estamos dirigiendo a personas de diferentes categorías sociales y culturas.

7. Procure dominar sus pasiones, aunque esté contando una declaración de guerra o haya ganado la liga su equipo favorito.

8. No grite, pues para eso están los técnicos de sonido que le darán el volumen adecuado.

9. Ni mire a la cámara si no es imprescindible. Es tan fría y despiadada que no le ayudará en los momentos delicados. Si tiene que leer textos escritos en una pantalla, procure moverse discretamente para no estar totalmente quieto. El secreto está en que la gente no se dé cuenta de que está leyendo y crea que todo sale de su portentosa memoria.

10. Sepa en todo momento qué hacer con sus manos, pues ni debe moverlas como si estuviera declamando a los clásicos, ni tan poco que parezca que le han atado.

11. Aprenda a improvisar, pues casi nunca salen las cosas tal y como se habían planeado.

LECCIÓN TERCERA

El lenguaje no verbal

Por **Kinesia** entendemos el estudio de la postura y movimiento corporales, de la conducta táctil, del efecto de la apariencia física, la vestimenta, artefactos, así como de los gestos y expresiones y de la conducta visual.

Ya hemos dicho que la entrada entre el público es siempre un reto para el orador, aunque después de algunos ensayos y algo de experiencia todo resulta sumamente fácil. Observen a los políticos de experiencia, a los presentadores de televisión, y a los cantantes que salen casi corriendo a saludar a "su público". En ellos no hay nada natural, pues les ha llevado muchas horas de estudio y asesoramiento adquirir esta desenvoltura que, así de lejos, nos parece tan sencilla.

También hay que elegir correctamente la vestimenta, siempre adecuada al auditorio y, especialmente, al tema del discurso, aunque conservar la personalidad también da buen resultado. Por eso, si usted, aprendiz de orador, se encuentra a gusto llevando una larga bufanda mientras habla debe conservarla, aun cuando el aire acondicionado de ese día de verano esté estropeado.

Ya sabe ese refrán que dice, "si quieres agradar a los demás, agrádate a ti mismo". O también, "si pretendes agradar a todos no agradarás a nadie". Por eso, y ante la duda, le recomiendo que vista como sea habitual, guste o no guste, salvo que de esa plática se derive algo importante en tu vida. Si su futuro está en juego tendrá que tener en cuenta a sus interlocutores, sus deseos y sus inclinaciones.

Los elementos materiales

Otros aspectos importantes son el atrezzo, los elementos de decoración del lugar, las luces, la música, el atril y el micrófono. Analizaremos uno por uno:

El atrezzo

1. El primer elemento posiblemente sea fijo y no puedas hacer nada por cambiarlo, aunque en los mítines políticos no hay ningún clavo que no haya sido decidido de antemano. Ya sabes que cuanto más alto estés con respecto al público mejor, pues los

dioses siempre están en las alturas, aunque sean mortales como los faraones.

Las luces

2. Las luces pueden llegar a ser tan molestas que impidan mantener los ojos bien abiertos, y eso cuando estamos leyendo un texto puede ser grave. Si existe un foco central nunca debería estar situado justo a la altura de los ojos, pues su posición idónea es proporcionando sombra a la pupila. Tampoco son adecuadas aquellas luces posicionadas detrás del orador, especialmente si inciden en el público, quienes se encontrarán con un problema similar, al mismo tiempo que la luz les impedirán concentrarse en el orador.

Resumiendo, la mejor posición para iluminar el lugar es lateralmente, justo en línea con el orador y sin que llegue al público, quienes deberán permanecer en la oscuridad. Este efecto de crear solamente puntos de luz en el escenario aporta unas ventajas que son conocidas desde hace años, pues la ausencia de luz entre los espectadores favorece el silencio y la concentración, efecto aumentado al quedar iluminado solamente el escenario.

La música

3. La música previa debe acompañar al acto y no ir en contra de él, pues lo mismo que sería incongruente que se pusiera música militar en un mitin de ecologistas, también lo sería que en uno de derechas se pusiera de fondo "La Internacional". Si el tema es sindical y puesto que los ánimos en estos casos siempre están alterados, un poco de música suave, clásica con preferencia, contribuirá a calmar el ambiente o, al menos, a no crisparlo más aún. Por supuesto, durante la oratoria no debe existir ningún tipo de sonido parásito, salvo en los pequeños momentos de descanso en los que la música puede contribuir a que no se pierda la continuidad del acto.

La mesa

4. La mesa debe proporcionar cierta protección psicológica, como una barrera para protegerle del público. La ventaja de estar sentados, además de poder poner los papeles correctamente y de disponer de una luz personal, es que el orador no se cansa y puede estar relajado sin que le tiemblen las piernas.

El atril

5. El atril no es menos conveniente, al menos desde el punto de vista psicológico, pues aporta dignidad y valor a la persona, le eleva sobre sus oyentes y le permite expresar mejor con sus manos. Es especialmente útil cuando se trata de un experto en discursos, pues su mímica agudiza el sentido de sus frases y contribuye a evitar la monotonía.

El micrófono

6. El micrófono es un utensilio frecuentemente mal utilizado, pues por razones extrañas la gente no quiere acercarse lo suficiente y prefieren gritar manteniéndose alejados. Este error lleva a una pérdida de las notas más bajas, precisamente las que más impacto tienen entre el público, al mismo tiempo que le impiden modular y dar inflexiones a su voz. Un micrófono direccional debe emplearse casi rozando los labios con él, susurrando más que hablando, aunque cuando se trata de encrespar los ánimos la lejanía resulta imprescindible.
Procure que lleve un protector de espuma para evitar el efecto de petardeo que produce la letra "p", al mismo tiempo que hay que evitar golpear en el suelo o al

mismo soporte del micrófono. Por supuesto, el efecto de "acople" del sonido hay que evitarlo a toda costa y para ello hay que evitar que los altavoces estén dirigidos hacia el orador, lo que se puede lograr situándolos siempre delante, nunca detrás. Un pequeño bafle a los pies del orador servirá para que la persona oiga su propia voz y pueda modular su discurso mejor.

PARALENGUAJE

El **Paralenguaje** es todo aquello que acompaña al lenguaje, como el tono de voz, la vocalización, la entonación en el discurso, hablar pausado o deprisa según el momento, la intensidad y la fluidez. En este aspecto hay varias cosas que debe saber:

1. Siempre es mejor hablar tras un micrófono que a viva voz.

2. Debe aprender a vocalizar adecuadamente y el mejor método es leer libros en voz alta y grabar la voz en un casete. Cuando se escuche se dará cuenta de los errores que comete.

3. Escriba un discurso de al menos un folio y léalo en voz alta, tal y como lo haría en directo.

4. Pronto aprenderá que para que se le entienda tiene que hablar mucho más lentamente que en su vida cotidiana.

5. Evite las notas muy altas o muy bajas, buscando una tonalidad que corresponda a sus características fónicas. Hay oradoras que causan risa por sus repetidos gallos, mientras que algunos varones no son audibles precisamente por su sombría voz.

6. La intensidad se refiere a la mayor o menor amplitud de las ondas sonoras y si cambia frecuentemente de matiz y de frecuencia su discurso no será monótono. Es como una canción muy larga, con numerosos estribillos y estrofas, unos más intensos que otros. Si se mantiene siempre en la misma tonalidad aburrirá e inducirá al sueño, aunque sus palabras sean interesantes.

7. La fluidez es una cualidad que impide que existan puntos muertos en el discurso, al menos no más de los necesarios. Tenga en cuenta que en ciertos momentos usted realizará preguntas ficticias al público, pues la respuesta la proporcionará inmediatamente, y será necesario otorgar unos segundos de reflexión antes de seguir hablando. Por ejemplo: usted se dirige al público diciendo: "¿Qué es lo que nuestros hijos esperan de nosotros?". Indudablemente es una pregunta y por ello debe dejar unos segundos de reflexión, los suficientes hasta que usted mismo diga la respuesta.

La distancia

La **Proxémica** es la distancia o espacio personal, el territorio inviolable de cada uno, es decir, el espacio físico de cada persona. En este sentido, y

73

aunque antes dijimos que saludar al público y realizar apretones de manos y besos a los niños es muy recomendable en los discursos políticos, debe hacerse con suma prudencia pues no siempre encontraremos personas calmadas.

Dependiendo de la amplitud del espacio, tanto el del público, como el del orador, así habrá que buscar la distancia adecuada, pero procurando siempre que exista la mayor posible entre ambos. No siempre las reuniones terminan de manera pacífica y por ello no es mala idea saber dónde está situada la puerta de escape.

La agresividad de los asistentes aumenta, o al menos se genera, si la distancia es muy corta, pues quien es un poco violento se siente arropado por los asistentes y cual pandillero de barrio ejercerá una violencia, verbal o física, que nunca sería capaz en solitario. Por eso no es mala idea que un par de voluntarios efectuaran las labores de protección discretamente. En el supuesto de que el público esté compuesto de mujeres, la protección siempre será mejor admitida si es con otras mujeres, eso sí, muscularmente bien dotadas.

La mirada

Mantener el contacto ocular con el auditorio puede ser imprescindible en numerosas ocasiones, pues permite establecer una comunicación más directa y continuada con los asistentes. Esto es especialmente importante cuando existe un moderador y un grupo que tiene que manifestar repetidas veces sus opiniones. Por tanto, ante un grupo, grande o pequeño, con el cual tenemos que llegar a acuerdos o soluciones, hemos de procurar mantener el contacto ocular, tanto al empezar a hablar como a lo largo de la sesión informativa. Hemos de asegurarnos que al menos hemos mirado a todos los asistentes una vez y efectuar barridos lentos con la mirada hacia todo el grupo, pues sabremos sin lugar a dudas cómo y a quién dirigirnos en cada momento. También nos servirá para comprobar a través de los gestos y miradas si se está captando el mensaje, si muestran impaciencia o desagrado, así como el impacto que cada frase les pueda ocasionar.

Si observamos que las personas tienen la mirada perdida durante mucho tiempo o miran hacia el suelo o hacia el techo, es que algo está fallando y debemos reaccionar rápidamente efectuando las adecuadas modificaciones. Estas son algunas conductas no verbales de los asistentes que pueden perturbar el proceso de comunicación, pues si no hay atención e interés es difícil comunicar algo.

Actitud ante la polémica

El estado mental en que el orador afronta su actitud determina el grado de tensión excedente o sobrante que le acompañará en dicha actividad. La persona experimentada estará libre de este exceso de tensión preliminar a su actuación, pues se encontrará típicamente autoconfiado. Tiene lo que se conoce vulgarmente como "actitud de ganador, de líder" y se ve a sí mismo como un maestro de la situación en la que está inmerso. Para muchos, ser un líder es un asunto de "necesidad psicológica", alimentado por éxitos previos y habiendo racionalizado completamente los fallos previos llega a sentirse como un tiburón entre pececillos.

A medida en que se aproxima el momento, el orador nota a menudo una sensación de debilidad en la zona media de su cuerpo (mariposas en el estómago), siente náuseas y puede que llegue a vomitar. El corazón late violentamente, parece que quiere salirse, y puede que sienta dolor en la parte inferior de la espina dorsal. La persona experta reconoce estas sensaciones, no como una flaqueza interior, sino como un aporte extra de energía, pues estos signos indican una preparación para una actividad que implica reto. De hecho, el orador que experimenta signos de euforia antes de una charla pública estará probablemente en un pobre estado de preparación. Muchos consideran este nerviosismo como una condición afectada por la actividad adrenomedular, aumentada por el efecto estimulante de la situación.

Convencimiento del triunfo

Si no se ha adquirido un buen control emocional, los momentos críticos de la oratoria, en donde la tensión emocional es máxima, tendrán como resultado una pérdida en la destreza del orador. De repente, sus músculos han de trabajar en contra de la sobretensión de sus músculos antagónicos y sus movimientos se hacen torpes y rígidos, mientras que las palabras no fluirán.

La experiencia muestra que la persona que se fuerza hasta el límite puede continuar tanto como sea necesario. Esto quiere decir que el esfuerzo ordinario no basta para extraer o liberar la tremenda cantidad de energía latente en el cuerpo humano. Un esfuerzo extraordinario, una condición de alta tensión, no será igual en todo el mundo, pues el orador estará tan cansado como se siente y si está determinado a causar buena impresión, puede continuar casi indefinidamente hasta alcanzar su objetivo. No hay castigos, esfuerzos ni condiciones demasiado duras de aceptar si se trata de ganar. Tal actitud sólo puede ser conseguida si el éxito está fuertemente enraizado en los sueños e ideales del orador.

El hombre sencillo no escoge, lo que es, es. La acción basada en una idea es obviamente una acción selectiva y tal acción no es liberadora; por el contrario, crea mayor resistencia, mayor conflicto. Hay que asumir una actitud (o conciencia abierta) libre de moldes (o modelos) fijos, incapacitados para la adaptabilidad o la maleabilidad, pues sólo ofrecen una jaula mejor. Para expresarse en libertad, hay que estar muerto para todo lo relacionado con el ayer. De lo antiguo se obtiene la seguridad; de lo nuevo ganas la fluidez.

Pero la confianza no es una postura o una actitud que se lleva voluntariamente, o una negación del miedo interno, ni tampoco un estado de ignorancia. La confianza no es un acto de voluntad. Es un sentimiento natural que llega cuando se comprende la realidad.

Cuando se pierden los nervios

Volverse locos

Muchas personas cuando experimentan los síntomas físicos del enfrentamiento durante un debate, creen que se están volviendo locos. Dentro de esta creencia, están refiriéndose probablemente a un desorden mental severo conocido como esquizofrenia, aunque dista mucho de ser así. La esquizofrenia es un gran desorden caracterizado por síntomas severos, como pensamientos desarticulados, palabras fuera de contexto, lenguaje difícil de entender, engaños o creencias de que el público está predispuesto contra él en su totalidad.

Los ataques de pánico generalmente empiezan muy gradualmente y no de repente, pues las ideas ya estaban en la mente horas antes, justo en el momento de ser llamado para hablar. Cuando esto ocurre, las personas creen percibir una hostilidad hacia ellos en los asistentes, motivo por el cual nada de lo que habían preparado saldrá adecuadamente y pueden reaccionar con violencia verbal. Estas personas, paradójicamente, mostrarán un carácter sereno y frecuentemente jovial horas y hasta minutos antes, e incluso se sabrán de memoria el discurso y tendrán chistes preparados para hacer reír al público. Indudablemente esta es una buena posición de partida para no entrar en un ataque de pánico.

Perder el control

Algunas personas durante un ataque de pánico creen que van a "perder el control." Probablemente quieren decir que o se quedarán totalmente paralizadas y no podrán moverse, o que no sabrán lo que están haciendo y se dedicarán a decir tonterías, gritar o avergonzarse. Alternativamente, no saben cuál será el resultado de experimentar esta sensación y esperan algo así como una "sentencia inminente" por parte de los asistentes.
Si la preparación anterior ha sido la adecuada, sabrán ahora cómo controlar esos sentimientos que llegan y durante el ataque de ansiedad el cuerpo entero estará preparado para la acción, pues existe un deseo aplastante de triunfar. Sin embargo, la contestación durante el debate no debe ir dirigida a herir a otras personas, tampoco a amenazar, y más bien debe hacerse dando la oportunidad al otro para ser igualmente cortés. Cuando se pierden los nervios la agresividad fluye incontroladamente, pues es el único modo de evitar entrar en un ataque de pánico por perder el control de la situación. Aunque las contestaciones durante el debate le hagan sentirse algo desconcertado, si guarda la serenidad podrá pensar con normalidad.

Derrumbamiento nervioso

Las personas se asustan muchas sobre lo que podría pasar como resultado de entrar en un derrumbamiento involuntario de las emociones, quizá debido a la creencia que sus nervios podrían agotarse y como consecuencia derrumbarse. Pero los debates se produce principalmente a través de la actividad en el sistema nervioso simpático que es neutralizado por el parasimpático. Este es, en cierto sentido, un resguardo para protegerle contra la posibilidad de que el sistema nervioso simpático pueda volverse incontrolado.

Lo peor de que esto ocurra es que un individuo podría entrar en una saturación del sistema nervioso simpático que detendría su actividad y la persona podría quedarse "con la mente en blanco" o, incluso, desmayarse. Esto último es sumamente raro, y si ocurre, siempre se podrá alegar que es a causa del fuerte agotamiento físico motivado por el trabajo anterior.

Ataques cardiacos

Muchas personas interpretan mal los síntomas del nerviosismo y creen que deben estar a punto de tener un ataque cardiaco. Esto probablemente es porque no tienen suficientes conocimientos sobre los ataques cardiacos. Permítanos mirar los hechos de esta enfermedad del corazón y vean cómo difiere de los ataques de pánico.

Los síntomas mayores de enfermedad del corazón son ahogo y dolor del pecho, así como palpitaciones ocasionales y desmayos. Generalmente se relacionan directamente con los síntomas del corazón sometido a un fuerte esfuerzo físico. Es decir, cuanto más duramente se trabaja, peor son los síntomas y menos posibilidades hay de recuperarse. Pero estos síntomas normalmente se disiparán rápidamente, estando ahí la diferencia con los ataques de pánico que a menudo ocurren en reposo y parecen tener una personalidad propia. Ciertamente, los síntomas de pánico pueden ocurrir durante la plática o incluso minutos antes, pero son diferentes a los síntomas de un ataque cardíaco al ocurrir ya desde un estado de reposo.

En las enfermedades cardiacas habrá cambios eléctricos en el corazón que podrán ser registrados por el ECG, mientras que en los ataques de pánico el único cambio que se presenta en el ECG es un aumento ligero en la frecuencia. Así, si usted se ha realizado un ECG después del discurso angustioso y el médico le ha dicho que todo está en orden, puede asumir seguramente que no tiene ninguna enfermedad del corazón. También, si sus síntomas ocurren siempre cada vez que tiene que aparecer ante el público, ésta es la evidencia adicional de que no se trata de un ataque cardíaco.

La mirada del orador

De poder

Esta es una faceta que también se suele ensayar delante del espejo, pues no siempre la mirada de poder es penetrante y agresiva, ya que en ocasiones la persona que la ejerce se limita a recorrer nuestro cuerpo en busca de un defecto o comparación. El poderoso es altivo, con su barbilla tocando el cielo, pues quiere saber lo débil que son los demás mirándoles desde arriba, suponiendo que pueda. Necesita evaluar continuamente a los demás y la mirada es su mejor escáner. En un orador, sin embargo, hay un deseo de mostrar poder personal para resolver conflictos o, en los ambientes políticos, para poder atacar adecuadamente al opositor.

Penetrante

Es una forma de mirar que turba, que inquieta a quien es objeto de ella, especialmente si el contorno de sus ojos es negro y están plenamente abiertos. No existe agresividad en estas personas pero poseen el desagradable defecto de clavar los ojos en las personas, en ocasiones de forma deliberada. Habitualmente son personas algo más altas que la mayoría, puesto que de otro modo su mirada inquietante se podría eludir con facilidad. Es inútil tratar de sostenerles la mirada, ya que para ellos es un juego en el cual están acostumbrados a ganar.

Para las mujeres este gesto en los hombres es sumamente desagradable y lo suelen definir como "me desnudó con la mirada", truco que emplean algunos varones para intimar por la vía rápida.

Tierna

Ya sabemos que nuestros abuelos, y los padres, cuando miran a sus hijos más pequeños, suelen poner esa mirada tan delicada que para muchos es empalagosa y para otros el delirio del amor universal. Esa mirada la solemos poner todos, o casi todos, cuando miramos a un cachorro o bebé haciendo sus cositas, lo mismo que cuando alguien mayor está ya acabado y enfermo. También es frecuente en quien se siente maltratado por alguien a quien ama o cuando leemos pasajes de santos y profetas. De igual modo, ¿quién no ha puesto una mirada tierna cuando un policía nos pone una multa justa o cuando un inspector de Hacienda nos está interrogando?

Airada

La persona agresiva intentará taladrar con su mirada la nuestra y por eso su movimiento irá acompañado de una cabeza y cuerpo en dirección a nosotros y gran tensión muscular en su cara. Los ojos están abiertos al máximo, la mirada es fija y apenas hay parpadeo. Este hecho, la ausencia de parpadeo, es para no perderse ni un detalle y son capaces de mantenerlo durante mucho tiempo. Si, al mismo tiempo, fruncen el ceño es señal de que, junto con su irritación, están analizando la situación y nuestro comportamiento. Aunque su actitud siga siendo hostil es el momento de intentar responder a su agresión o razonar. En los momentos de crisis sus ojos se le salen de las órbitas y es imposible cualquier razonamiento con ellos puesto que su intolerancia e ira son absolutas.

Alegría

Cuando alguien acaba de recibir una buena noticia sus ojos se abren enormes, más de lo imaginable hasta ese momento. Sus pupilas se dilatan hasta cuatro veces su tamaño habitual independientemente de la luz ambiental.

La postura

La postura que adoptemos en el escenario o lugar de la plática ha de ir en concordancia con nuestro discurso, pues hemos de procurar adoptar una actitud que se ajuste a las circunstancias, a las características del lugar, y a la personalidad de los asistentes. En definitiva, la postura que el orador adopte en ese momento nunca será igual que las anteriores, aunque en cuestiones de liderazgo resulta conveniente mostrar siempre la misma personalidad. En general, esta postura debe ser natural, espontánea, pero ya sabemos que la naturalidad también se aprende y se ejercita, hasta el punto de que algo forzado se convierta en un acto reflejo a fuerza de practicarlo. Como se dice en las artes marciales: "Se trata de hacer algo que parezca sencillo y natural, eficaz, aunque en principio no lo sea".

Para ello es un requisito imprescindible estar cómodo, sin posturas que causen tensión y que se puedan variar frecuentemente, al mismo tiempo que se evitarán los trajes y, muy especialmente, los zapatos, que puedan causar incomodidad o molestias.

Un orador debe moverse frecuentemente para no ocasionar tedio, del mismo modo que antes dijimos que tiene que cambiar la entonación de su voz y efectuar silencios cortos, si quiere que nadie se aburra. Si percibe en el ambiente que el público se distrae sería conveniente que abandonase su puesto detrás de una mesa o atril y se moviera por el escenario, e incluso que bajase hasta donde están los asistentes.

Lo importante es:

1. No ser monótono

2. Ser flexible

3. Comunicarse con los asistentes frecuentemente

4. No hacer monólogos demasiado largos

5. Dejar que otras personas participen

6. No considerar que los que allí están no tienen otra cosa mejor que hacer

Gestos

Ya hemos dicho que los gestos son una forma más de expresión en las personas y junto con la forma verbal configuran el lenguaje. En cualquier discurso frente a un grupo de personas expresamos con todo nuestro cuerpo, aunque fundamentalmente con las manos, rostro, brazos, cabeza y hombros.

Los gestos pueden ser:

Visibles

Que son vistos por todo el auditorio, aunque frecuentemente deben ser escamoteados y reprimidos, como ocurre con los profesores y presentadores del noticiario en televisión.

Abiertos

Que todo el grupo pueda captar el sentido de éstos, pues si la persona sabe ejecutarlos sus movimientos aportarán énfasis, y dando firmeza y veracidad a sus palabras.

Selectivos

Porque tanto un exceso como un defecto en la gesticulación puede perturbar el mensaje y su sentido comunicativo. Cuanto menos culto es el auditorio más adecuada es la proliferación de los gestos, mientras que en los grupos de estudiantes o artísticos, cualquier exageración se considera un defecto de mal gusto.

Finalmente, la motivación del auditorio se consigue mediante:

1. Una variación de los estímulos a lo largo de la exposición

2. Una clara presentación de los objetivos correctamente mostrados

3. Un lenguaje claro y comprensible

4. Mediante el control de todos los elementos del lenguaje verbal y no verbal

5. Un tiempo adecuado al lugar, las personas, ambiente, sillas del auditorio y motivo

Situaciones en las cuales los discursos deben ser especialmente breves

1. Una sala de teatro o un auditorio en el cual las personas que escuchan lo hacen sentados en unos incómodos sillones, sin poder estirar las piernas y con pocas posibilidades de salir a dar un paseo en medio de la oratoria.

2. Cuando hay más gente en la sala de espera o en el bar que dentro.

3. Cuando se percibe cierta violencia entre los asistentes.

4. Si los asistentes han llegado con niños pequeños o escolares a quien el tema apenas les interesa.

5. Si se trata de una charla inevitablemente corta porque los asistentes deben reanudar el trabajo.

Los gestos del público

Cuando las luces iluminan todo el recinto, y si nuestra profesión nos obliga a efectuar numerosos discursos en grupos similares o heterogéneos, es adecuado que aprendamos a observar al público de las primeras filas, pues por sus gestos involuntarios sabremos si estamos acertados con la forma de expresarnos.

Colocarse las gafas reiteradamente

Las gafas ciertamente se suelen caer, pero no tanto como para que tengamos que estar todo el día ajustándolas en la nariz. Ese tic nervioso es tan frecuente como cerrar los ojos fuertemente cada poco tiempo y ambos parecen obedecer al mismo problema: se trata de un deseo de mantener alerta la mente en esas circunstancias, no porque la situación sea más importante que las demás, sino porque por causas físicas esa persona necesita esos pequeños estímulos.

El nervioso

Seguro que conocen algún amigo o familiar que tiene el tic de mover insistentemente un pie, o las manos, o todo el cuerpo, como si tuviera dentro una batería a carga completa. Esto puede llegar a ser exasperante para todos, menos para él. Para algunos se debe a un exceso de energía que tiene que ser liberada, mientras que para otros es un síntoma de aburrimiento, aunque la causa más habitual es una gran lucha interna que no se percibe exteriormente.

Morderse las uñas

Y si hablamos de tics que exasperan a quienes los miran, el rey de todos ellos es el de morderse las uñas. Si usted, amigo orador, tiene delante de sí una de estas personas ya puede intentar no mirarla pues le desquiciará. Su visión prolongada puede revolver las tripas al más estable y desesperar al más tranquilo, todo ello mientras el ejecutante sigue enfrascado en la uña número cuatro, después de haberse cepillado tres. Si les preguntamos nos dirán que en realidad no se muerden las uñas, pero lo cierto es que las suelen tener totalmente rapadas, con más yema que uña. Su conflicto interno es algo que brota aún a su pesar y nos demuestra una personalidad angustiada, muy agresiva y con grandes dosis de rencor.

Mover el cuello

Parece que tienen siempre una soga al cuello o que la camisa les aprieta enormemente. Con frecuencia no ocurre ni lo uno ni lo otro, especialmente lo de la soga, pero cualquier roce esporádico del cuello de la camisa o el suéter, les obliga a una contorsión del cuello en busca de su liberación. Hay quien afirma que este tic nervioso se debe a un problema físico real, como alergias, aunque también hay quien asegura que se da en personas con una personalidad muy acusada, sensibles e inteligentes, que necesitan tener todo en orden para sentirse seguros, incluido su cuello. La mejor manera de mantenerles quietos es que la charla les interese, pues cuando están distraídos no se acuerdan de ese problema.

Cruzar los brazos

No crea que quien tiene delante con los brazos cruzados está enfadado, pues posiblemente adopta esta posición porque le resulta más cómoda que otra. Indudablemente cualquier psicólogo le explicará que es un mecanismo defensivo, para no aceptar voluntariamente lo que está escuchando, pero si el discurso es adecuado pronto los soltará y se mantendrá más relajado. Cualquier posición que obligue a un músculo o grupo de músculos a estar contraídos implica cansancio y poco a poco crispación, pues nadie se relaja cerrando el puño con fuerza.

Observen a una persona a la cual le han dado una buena noticia y verán que nunca mantiene sus brazos cruzados. Del mismo modo, cuando dormimos nuestros brazos se extienden para permitirnos descansar y nadie es capaz de decir a alguien lo mucho que le quiere con los brazos cruzados.

Hay numerosos casos que demuestran que instintivamente todo el mundo que se encuentra a disgusto cierra sus brazos, lo mismo que quienes empiezan a sentirse amenazados verbalmente. Estos detalles los podemos ver durante los discursos, políticos o sociales, en los cuales las personas hostiles al orador y especialmente aquellas que van a manifestarse en contra, mantienen inicialmente sus brazos cruzados mientras escuchan. Por eso, si quiere que sus oyentes se pongan de su parte trate de relajarle sus brazos, sea contando chistes o hablando de algo que les guste.

Taparse la boca mientras escuchamos

Se puede hacer con toda la mano, como los niños, o parcialmente empleando apenas la yema de uno o más dedos. Instintivamente solemos mantener la boca cerrada y la mano apoyada en ella, como un modo inconsciente de demostrarnos a nosotros mismos que no deseamos hablar. Es como si nos amordazáramos para evitar tomar parte en una conversación.

También se suele emplear en personas educadas o de cierta cultura, como un gesto que demuestra al interlocutor que está dispuesto a escucharle hasta el final, que no pretende interrumpirle. Habitualmente la persona permanece con el dedo índice tapando los labios e inicia su conversación aún con el dedo puesto, casi como queriéndonos indicar que ahora es su turno y que somos nosotros los que debemos permanecer callados.

Apoyar el mentón en la mano

Se suele hacer manteniendo la otra mano escondida dentro de la axila opuesta o apoyada en las piernas, pero lo que no hay duda es que resulta una posición opuesta al entusiasmo. O estamos aburriendo al oyente con nuestro discurso o presiente que la charla va a ser sumamente aburrida.

No obstante, hay una excepción, pues cuando la cabeza no se apoya fuertemente en la mano podría indicar que está predispuesto a asistir a una charla de larga duración, posiblemente muy interesante y de la cual no quiere perder detalle. En estos casos, el tronco se inclina hacia delante, como deseando engullir totalmente la información.

Cuando no es una mano sino las dos, las que sujetan la mandíbula, probablemente se debe a que también nos importa la parte visual y queremos acercar lo más posible nuestros ojos al interlocutor.

Acariciarse la nuca

Normalmente no hay agresividad en este gesto, lo que ya es una suerte. Lo que sí hay es cansancio físico y pocas ganas de seguir escuchando, por lo que, o se dice y hace algo con urgencia, o nuestro cansado interlocutor puede pasar a convertirse en oposición. De momento lo tenemos a nuestro lado, pero si no finalizamos cuanto antes empezarán a surgir las discrepancias solamente por quitarse el cansancio.

Frotarse los ojos

Obviamente, hay ya un gran cansancio físico, aunque es posible que se desee continuar a pesar de ello. Cuando nos frotamos los ojos aumentamos rápidamente su riego sanguíneo y en este caso lo que se pretende es estar más activos.

Rascarse el cuello detrás de la camisa

Se ha respondido ya a demasiadas preguntas.

Rascarse la mejilla

El interlocutor empieza a caer mal pero no tiene ganas de contradecirle.

Hurgarse los dientes con las uñas

Tiene intención de hablar pero quiere que su opinión sea adecuada, aunque posiblemente sea sencilla y en ningún caso especial. Aportará algún detalle, pero no tratará de cambiar nada sustancialmente.

Con la espalda bien apoyada en el respaldo

Es una posición para la discusión, para buscar la mejor solución a un asunto, pero no existe el deseo de polemizar con el orador. Es favorable para reuniones en las cuales sea necesario buscar acuerdos que favorezcan a ambas partes.

Con la espalda reclinada hacia delante

Ahora ya no hay dudas y la controversia es inminente. Quien adopta esta posición está incómodo y por eso querrá explicar su razonamiento cuanto antes y esa misma dificultad para mantener la postura le hace ser poco transigente. Si conseguimos que se relaje, por ejemplo, pidiendo unos minutos de descanso, liberará sus deseos de polemizar y si conseguimos que se recline hacia atrás podremos lograr buenos resultados.

El control de todos estos elementos, su manejo y entrenamiento, nos facilitarán la posibilidad de mantener un estilo más relajado y con ello la imagen con dotes de liderazgo y credibilidad aumentará.

LECCIÓN CUARTA

Aprovechando el ingenio de otros

Siempre es un recurso de buen resultado apoyar los discursos mediante frases que han salido de la pluma o la boca de personajes célebres, preferentemente ya fallecidos, pues así conseguimos dos cosas:

1.- Demostrar que tenemos cultura
2.- Reforzar nuestra opinión con la conclusión de alguien a quien la historia le ha reconocido ya méritos.

Esto significa estar descaradamente a la sombra de otra persona, pues empleamos su ingenio y no el nuestro, y parece que hasta los personajes legendarios nos dan la razón en lo que pedimos o exponemos. Supone un recurso tan habitual que no conocemos ningún político que se precie que no haya empleado en alguna ocasión alguna de estas frases, hábilmente puestas y remarcadas en sus papeles para que se mencionen en el momento adecuado.

Otro tanto ocurre con los chistes, aunque todos sabemos que si el orador nos cuenta uno de cosecha propia lo más probable es que ocasione la burla más que la risa, todo lo contrario a cuando empleamos el de un humorista famoso. Así, y al igual que ocurre con las frases ingeniosas, si no produce ningún resultado entre el público por lo menos ya sabemos que el responsable es el autor.

Esta forma de apoyarse en los éxitos de otros está sumamente extendida en el mundo científico, posiblemente más que en ningún otro campo, pues es raro encontrar a algún investigador que no avale sus propias conclusiones empleando la frase de: "Según la teoría de..." Así, y aprovechando que el científico mencionado goza ya de suficiente y probado prestigio, la nueva teoría que se va a exponer tendrá que ser aceptada igualmente, pues contamos con el respaldo involuntario del otro.

Bueno, pues a pesar de que consideramos esta práctica como una usurpación del copyright ajeno, y hasta de la inteligencia del prójimo, he aquí una lista de algunas frases que pudieran ser soltadas durante un discurso:

Para dar esperanza

"Cuanto más se dividen los obstáculos, más fáciles son de vencer" Frase de Concepción Arenal para dividir los problemas y al enemigo.

"Las dificultades están para estimular, no para quitar el ánimo, pues el espíritu humano se hace más fuerte en la lucha" W.E. Channing encontrando el lado positivo de los problemas.

"Los hombres y los reyes deben juzgarse por los momentos críticos de sus vidas" Churchill criticando a quienes están abrumados por las dificultades.

"La desgracia siempre termina por amainar, pues los vientos no siempre soplan del mismo lado y con igual fuerza" Eurípides recordándonos eso de que *"después de una noche de tormenta siempre llega un bello amanecer"*.

"Acuérdate de conservar en los acontecimientos graves la mente serena" decía Horacio para pedir calma a las personas en los momentos difíciles. Indudablemente todos sabemos que en los momentos difíciles es cuando las personas demuestran su verdadera valía.

"Quien no ha afrontado nunca la adversidad no conoce su verdadera fuerza" Frase de Ben Jonson despreciando a quienes nunca han tenido que luchar en la vida. Otro pensador, concretamente Chris Marker, decía que *"El hombre segrega la fuerza en proporción con su infortunio"*.

"Vale más una sonrisa que mil lamentos" En una sociedad tan acostumbrada a pedir, esta frase de Charles Lamb parece olvidada. Queda reforzada por *"Verdaderamente es varonil el hombre que sonríe ante su infortunio"* de O. S. Marden.

"Todos tenemos fuerzas para soportar los males ajenos" decía Rochefoucauld para criticar a quienes nunca tendían la mano a sus amigos infortunados.

"Pon un obstáculo a una persona y sabrás pronto su valía" No sé quién ha dicho esta frase, pero me gusta.

"Con sacrificio es posible que logres todo, sin ello es seguro que no lograrás nada" Frase asumida por millones de estudiantes.

"Un camino de mil millas empieza con un solo paso" Buen razonamiento de Benjamín Franklyn para quienes prefieren abandonar las empresas difíciles.

"Una puerta que se cierra nos debe llevar a llamar a la siguiente" Es una frase mía, pero a lo mejor sirve.

"Solamente se logra aquello que se desea" También es mía.

"Los grandes trabajos no son hechos mediante la fuerza, sino por la perseverancia" Samuel Johnson

"La palabra imposible no tiene significado" Buena sugerencia de Napoleón.

"Ninguna encina se quiebra al primer hachazo" Alentadora frase de Ortega y Gasset.

"Quitando pequeñas piedras se puede lograr eliminar una montaña" Proverbio chino

"Las cuestas empinadas hay que subirlas despacio" Shakespeare y su versión particular de la constancia.

"Tendremos el destino que nos hayamos merecido" Conclusión de Albert Einstein que concuerda con la ley del Karma.

Sobre la edad

En ocasiones utilizamos eufemismos que nos ayudan a no mencionar la edad de nuestros interlocutores, como si el declarar su edad fuese algo desagradable. A continuación exponemos algunas frases que nos ayudarán a perder esa vergüenza de que los demás sepan nuestra edad, y descubrir que cumplir años es el mejor regalo que la vida nos puede dar.

"Saber envejecer es una obra maestra de la sabiduría, y una de las partes más difíciles del gran arte de vivir." Dicho por Henri Fréderic Amiel para estimular a todos aquellos a quienes cumplir años le supone un verdadero trauma.

"La juventud no es un tiempo de la vida, es un estado del espíritu" Frase de Mateo Alemán para loar a los mayores.

"Envejecer es como escalar una gran montaña; mientras se sube las fuerzas disminuyen, pero la mirada es más libre, la vista más amplia y serena." Del célebre director Ingmar Bergman.

"Se teme tanto a la ancianidad, que nadie esté tan seguro de poder alcanzarla" Frase de Jean de la Bruyère.

"Sin los ancianos, el mundo se hubiera parecido a una escuela de párvulos." Sabía frase de Rosalía de Castro que deberíamos aplicar a las jubilaciones anticipadas.

"Cásate con un arqueólogo. Cuanto más vieja te hagas, más encantadora te encontrará." De Ágatha Christie.

"En la juventud aprendemos, en la vejez entendemos." De Maie von Ebner-Eschenbach.

"Lo más importante que aprendí a hacer después de los cuarenta años fue a decir no cuando es no." Frase de Gabriel García Márquez que se debería aprender antes de los cuarenta.

"Cada uno tiene la edad de su corazón." C. Alfred d´Houdetot hablando más de sentimientos que de órganos.

"Cuando me dicen que soy demasiado viejo para hacer una cosa, procuro hacerla enseguida." Pablo R. Picasso.

"El fuego de la leña verde proporciona más humo que calor." Proverbio español.

"Es una pena ser viejo, pero no lo es todo el que quiere" Proverbio francés

"Quien no tiene el espíritu propio de su edad padece toda la desgracia de su edad." Voltaire criticando a los que quieren estar eternamente jóvenes.

Sobre el amor

El amor es un sentimiento nada fácil de medir, pues nos resulta prácticamente imposible cuantificar cuánto podemos estar de enamorados. Para explicar lo mucho que sentimos por otra persona, solemos recurrir a metáforas o frases que ya dijeron otros, y como ejemplos tenemos las siguientes:

"Amar es olvidarse de uno mismo." De Henri Fréderic Amiel

"Entre lo que existe y lo que no existe el espacio es el amor." Anónimo

"El amor es por encima de todo la donación de uno mismo." De Jean Anouilh

"Hay dos cosas que el hombre no puede ocultar: Que está borracho y que está enamorado." Antífanes

"En materia de amor, demasiado es todavía poco." Pierre A. C. De Beaumarchais

"Todo en amor es triste, más triste y todo, es lo mejor que existe." Ramón de Campoamor

*"Y nunca a los amantes aconsejes
cuando tienen por gloria sus cuidados;
que es como quien predice a los herejes,
en sus vanos errores obstinados."*
Miguel de Cervantes

"Supe que ser amado no es nada, que amar en cambio lo es todo." Herman Hesse.

"Dios es la plenitud del cielo, el amor es la plenitud del hombre." Víctor Hugo

"A menudo, el sepulturero entierra, sin saberlo, dos corazones en el mismo ataúd." Alphone de Lamartine.

"Si Satanás pudiera amar, dejaría de ser malvado." Santa Teresa de Jesús

"El amor es la cosa más grande de todas, mucho más que la misma fama." H. G. Wells

SEPA DE QUIÉN HABLA

Es francamente deprimente un orador inculto, mucho más cuando menciona a personas con nombres equivocados o pasajes de su vida que no son correctos. Si bueno es repetir frases y pensamientos de grandes hombres o mujeres, mucho más es poder relatar pasajes de la vida de un gran personaje.

En este capítulo les resumiré las biografías de algunas personas ilustres, para recordarle momentos de su vida que conviene mencionar en la mayoría de los discursos.

Antonio Machado

Perteneciente a la generación del 98, este poeta y prosista español nació en Sevilla en el año 1875, trasladándose pronto a Madrid donde cursó sus estudios. En 1899 viajó a París, ciudad que volvería a visitar años más tarde y donde conocería a su amigo para toda la vida Rubén Darío. Anteriormente ya había escrito sus primeras prosas, aunque sus primeros poemas no se vieron publicados hasta el año 1901. En 1903 escribió su primer libro *"Soledades"*, un conjunto de poemas que reflejaban sus emociones y sentimientos hacia todo lo que le rodeaba, y en 1914 *"Nuevas Canciones"* donde se percibe su cada vez más acusado estilo de crítico social.

Trabajó como catedrático de francés y fue elegido miembro de la Real Academia Española en 1927, trabajando en esa época junto a su hermano, el también poeta Manuel Machado, escribiendo varias obras de las que podemos destacar la publicada en 1929 *"La Lola se va a los puertos"*, y *"La duquesa de Benamejí",* en 1931.

El inicio de la Guerra Civil española le cogió en Madrid, desde donde se trasladó a Valencia, y posteriormente a Barcelona, exiliándose en 1939 a Francia, concretamente a un pueblecito llamado Colliuree, donde murió en febrero de ese mismo año. Como obra póstuma se publicó *"Los complementarios".*

Franklin, Benjamín

Más conocido como inventor del pararrayos, son de destacar igualmente sus facetas como filósofo, político y científico.

Nació el 17 de enero de 1706 en Boston, y aunque comenzó sus estudios a la edad de 8 años, pronto los tuvo que compaginar con el trabajo de la cera de su padre y un poco más tarde como ayudante en la imprenta de su hermano. Con estos conocimientos se trasladó en 1724 a Londres, en donde trabajó para las imprentas Palmer´s y Watt´s, las más destacadas del país.

Desde 1721 colaboró con su hermano James en la redacción y edición del *New England Courant,* aunque debido a su tendencia liberal esta gaceta molestó a menudo a las autoridades coloniales y se vio en la necesidad de trasladarse a Filadelfia, donde formó su propia imprenta en 1726. Tres años más tarde compró la *Pennsylvania Gazette,* un semanario que convirtió en un periódico entretenido e informativo, fundando igualmente la Sociedad Filosófica de Estados Unidos y la Biblioteca de Filadelfia.

Además de estos hechos diseñó una estufa de hierro que llevaría su nombre, Franklin, la cual producía más calor con menos combustible, iniciando entonces sus experimentos sobre la electricidad que describió en su teoría sobre la *botella de Leyden,* defendiendo su hipótesis sobre que las tormentas son un fenómeno eléctrico. Para demostrarlo, en 1752 inventó el pararrayos y presentó igualmente su teoría sobre el fluido único, con la que explicaba los dos tipos de electricidad, la positiva y la negativa. Con el paso de los años, estos descubrimientos científicos le proporcionaron diversos títulos honoríficos y galardones.
En su faceta política redactó la Declaración de la Independencia y en su condición de presidente de la Sociedad Abolicionista de Pensilvania, pidió la abolición de la esclavitud y la supresión del comercio de esclavos. Murió en Filadelfia, 2 meses después de este acto a la edad de 84 años.

Buda

Buda, cuya palabra significa "El iluminado" nació en el año 563 a. C. cerca de Kapilavastu, conocido en la actualidad como Nepal. Aunque no existen escritos conservados directos, poseemos gran información gracias a sus propios discípulos, quienes se encargaron de divulgar el budismo después de su muerte. Al ser éstos y no los historiadores los que transmitieron su vida es difícil diferenciar lo real de la muchas leyendas que sobre él se cuentan, pues ni siquiera se tienen claras las fechas de su nacimiento y muerte.

La leyenda dice que su madre, quien murió después de nacer su hijo, vio en el momento de nacer un hermoso elefante blanco que se introducía en su matriz, algo que los maestros brahmanes ya predijeron cuando le reconocieron como monarca universal desde el momento de su nacimiento.

Desde muy temprana edad Buda ya mostró su inclinación hacia la meditación y la reflexión, cosa que disgustó a su padre que deseaba hacer de él un gran guerrero. Para no contrariarle demasiado se casó y formó parte de la vida mundana que le rodeaba, llegando a tener un hijo al que llamó Rahula.

A los 29 años comenzó a buscar la iluminación, pero según él mismo contara en uno de sus discursos, fue a los trece años cuando entró en su primer trance. En esta búsqueda se tropezó con un monje mendigo pacifico y sereno y descubrió que esa era la forma de vida que debía adoptar, abandonando entonces a su familia, junto con la riqueza y el poder que les rodeaba y se fue en busca de la verdad.

Ente hecho es conocido en el budismo como la *"Gran Renuncia"* y es celebrado por todos los

budistas como un momento crucial en su historia. A los 35 años dio un gran paso hacia la iluminación y la tradición dice que se sentó una noche decidido a no levantarse hasta haber alcanzado el nirvana, la bienaventuranza obtenida por la absorción e incorporación del individuo en la esencia divina.
Toda su vida estuvo dedicada a la actividad misionera, muriendo a los 80 años.

Cicerón

Conocido como el orador más elocuente de Roma, Cicerón fue, además, escritor y político. Nacido en Arpino, Italia, en el año 106 a. C., estudió derecho, oratoria, literatura y filosofía, aunque también ejerció como militar y abogado. En el año 77 a. C. comenzó su carrera política y en el 74 ya era elegido miembro del senado, siendo designado cónsul siete años más tarde, lo que le ocasionó una conspiración por parte de su opositor. Obligado a ejecutar a varios de los insurrectos, fue posteriormente criticado por Julio Cesar y otros senadores romanos que lo acusaron de haber actuado con excesiva dureza, viéndose obligado a exiliarse en el año 58 a. C. a Macedonia. Cuando regresó un año después para dedicarse a la literatura y a la política se unió a Pompeyo, el mayor enemigo de Julio César, aunque en los años siguientes, y coincidiendo con la muerte de su hija Tulia, se dedicó a escribir.

En sus obras revela su creencia en Dios, y la divulgación y perseverancia de la filosofía griega. Entre ellas destacan los tratados sobre leyes llamados *"De Legibus"*; sobre la naturaleza y los dioses en *"De Natura Deorum";* sobre el debe en *"De Officiis",* siendo igualmente importantes sus obras retóricas, *"De oratore", "Las Catilinarias"* y las catorce cartas enviadas contra Marco Antonio conocidas con el nombre de *"Filípicas".*

En el año 44 a. C., año en el que fue asesinado César, retornó a la política prestando su apoyo al nuevo emperador, Octavio, hijo adoptivo de Julio César, quien se encontraba enfrentado al cónsul romano Marco Antonio. La reconciliación entre Octavio y Marco Antonio hizo que Cicerón apareciera como enemigo del Estado, y el 7 de diciembre del año 43 a.C. fue ejecutado.

Confucio

Nacido en el año 551 a.C. en la provincia de Shandong, China, este filósofo chino fue el creador del confucionismo y con sus enseñanzas eminentemente prácticas divulgó una nueva moral basada en criterios tradicionales. Su religión mantiene que los propios actos debían estar basados en las cinco virtudes, bondad, honradez, decoro, sabiduría y fidelidad, siendo la veneración a los padres, vivos y muertos, uno de sus conceptos claves.

Sumido desde temprana edad en la pobreza, se vio en la obligación de trabajar como criado para el jefe de distrito, trabajo que abandonó en el 527 a. C. al comenzar su carrera como maestro viajando de un lugar a otro, alcanzando pronto la fama como hombre sabio y culto. La profunda degradación moral y ética de la China regida por la dinastía Zhou, hizo que Confucio se planteara que la única solución consistía en instruir a la gente con los principios y preceptos de los antiguos sabios.

Para aumentar el interés por sus postulados, empleó la música china para explicar que los gobernantes sólo podrían ser grandes si llevaban una vida ejemplar que sirviera de guía para el resto de los ciudadanos. Esto le llevó a ser elegido magistrado de Zhongdu a los 50 años, consiguiendo administrar la justicia con éxito y erradicar el crimen. Continuó viajando para extender sus teorías y nos dejó escritos filosóficos e históricos como *"Ch'un Ch'iu"*.

Murió en el año 479 a. C., pasando sus últimos años escribiendo sobre los autores clásicos.

Churchill

Sir Winston Churchill nació en el año 1874 y se le considera como el más importante político británico del siglo XX, principalmente conocido por el valor que transmitió durante su mandato como primer ministro durante la II Guerra Mundial. Hijo mayor de lord Randolph Churchill y de la estadounidense Jennie Jerome, sirvió en la India y

Sudán, pasando luego a ejercer como corresponsal en la Guerra bóer, donde se convirtió en héroe nacional al protagonizar una arriesgada fuga tras haber sido capturado. En 1900 fue elegido diputado y perteneció al Partido Conservador hasta 1904, año en el que se unió al Partido Liberal, siendo posteriormente nombrado ministro de Comercio y un año después ministro del Interior, desde donde implantó diversas reformas sociales. En 1911 fue designado primer lord del Almirantazgo, aunque su papel más conflictivo fue durante la I Guerra Mundial, especialmente por sus problemas con la Armada y su apoyo a la trágica campaña de Gallípoli.

Ejerció igualmente como comandante de batallón en Francia, ministro de Municiones y ministro de Guerra, ministro de Hacienda del gabinete conservador de Baldwin, hasta que la llegada de Hitler al poder obligó a sus detractores a retornarle al Almirantazgo.

Durante la II Guerra Mundial tomó el cargo de Primer Ministro y gracias a su colaboración con el presidente Franklin D. Roosevelt, consiguió ayuda militar y el apoyo moral de Estados Unidos consiguiendo, además, que la Unión Soviética y Estados Unidos efectuaran la "Gran Alianza".

Estos hechos, y algunas más, le convirtieron en 1945 en un personaje admirado en todo el mundo, aunque no le impidió ser derrotado por el Partido Laborista en las elecciones de 1945. Especialmente importantes fueron sus discursos sobre el "estado del bienestar", 'El telón de acero', y sus obras históricas "La II Guerra Mundial", "Historia de los pueblos de habla inglesa", y sus "Memorias", recibiendo en 1953 el Premio Nobel de Literatura y el título de sir.

Tras dimitir en 1955, Churchill se dedicó a la pintura y a la literatura durante sus últimos años, falleciendo el 24 de enero de 1965 a los noventa años.

Eurípides

Este dramaturgo griego nacido en Salamina en el año 480 a.c., fue uno de los grandes poetas trágicos de Ática y su obra ejerció una influencia notable en el teatro romano y el renacimiento. Dotado de una esmerada educación, sus obras comenzaron a representarse en los festivales dramáticos de Ática, aunque tardó varios años en recibir un premio, el primero de cuatro.

Aunque no estaba influenciado por ninguna determinada escuela filosófica, se inclinó por los trabajos de Protágoras, Anaxágoras y Sócrates, convirtiéndose así en un hombre austero, incomprendido por sus contemporáneos, y criticado especialmente por otros escritores atenienses de comedia. Aristófanes, por ejemplo, lanzó contra él una dura sátira en *Las ranas*, alegando que las obras de Eurípides eran anticonvencionales, de diálogos coloquiales en sus protagonistas, y con poca aceptación de los valores morales y religiosos tradicionales.

Las críticas no le impidieron ser famoso en toda Grecia, pues al contrario que Esquilo y Sófocles, representaba los nuevos movimientos morales, sociales y políticos surgidos en Atenas hacia finales del siglo V a.C. Se interesó vivamente por el pensamiento y las experiencias del ser humano ordinario, más que por las figuras legendarias del pasado heroico, aunque era un entusiasta de la mitología antigua.

Obras como *Medea*, en donde la trama se desarrolla sin obstáculos hasta alcanzar su clímax devastador, fueron objeto inicialmente de duras críticas, siendo ridiculizado por el uso mecánico y exagerado de este recurso, lo mismo que por el *deus ex machina,* introducción inesperada de un dios para facilitar o provocar el desenlace.

Al final de su vida abandonó Atenas y se instaló en Macedonia, dejándonos obras como *Los cíclopes, Alcestes, Medea, Hipólito, Las troyanas, Helena, Orestes, Hércules, Los suplicantes, Electra,* y *Las fenicias.*

Jacinto Benavente

Este dramaturgo y crítico español, nacido en 1866 en Madrid, fue galardonado con el Premio Nobel de Literatura. Su popularidad comenzó con las obras *Cartas de mujeres* y *El nido ajeno,* en donde efectuó una aguda labor crítica contra los ricos y las instituciones feudales. Infatigable viajero, más como profesional de las letras que como turista, viajó por toda América representando sus obras con una compañía de teatro, legándonos numerosas comedias y tragedias, entre las que destacan *Los intereses creados*, *La malquerida* y algunas obras infantiles.

Lao-Tsé

Reconocido como fundador del taoísmo, este filósofo chino nació en el año 570 a.C., y se le atribuye también el papel de instructor de Confucio, aunque hay controversias en cuanto a este dato tan significativo. Se le considera autor de la obra *Tao Te-King* (Libro de la Vía y de la Virtud), posiblemente el más importante tratado filosófico chino, e incluso mundial, pues ha tenido una gran influencia en el pensamiento y la cultura de todos los países. Redactado en el año 300 a.C. y con solamente 10.000 caracteres, alberga una antología que recoge antiguas enseñanzas, la mayor parte compuesta por rimas.

Nos dice que "el camino" (*dao* o *tao*) de las personas se realiza con mayor aprovechamiento abandonando las categorías y los valores en favor de la percepción espontánea. Su filosofía nos invita a "no hacer nada" (*wu wei*) y a dejar que las cosas sigan su curso natural, pues lo que está escrito así se hará, aunque pretendamos moldear el destino a nuestro capricho y deseos.

Lord Byron

Nacido en el 1788, en Londres, este poeta inglés es uno de los escritores más versátiles e importantes del Romanticismo, famoso igualmente por haber asesorado a la no menos popular Mary Shelley, autora de *"Frankenstein o el nuevo Prometeo"*.

Heredero del título y las propiedades de su tío abuelo William, Byron, adoptó sagazmente el nombre de Noel para recibir una herencia de su suegra, con lo que se convirtió en una de las personas más influyentes de su época.

Como autor publicó en 1807 su libro de poemas *Horas de ocio*, seguido de *Bardos ingleses y críticos escoceses*, como respuesta a las duras críticas que había recibido. Dos años después formó parte de la Cámara de los Lores y como diplomático emprendió un viaje de dos años por España, Portugal y Grecia, aprovechando para escribir su obra *Childe Harold* en la cual narra sus viajes y que le convirtieron ya en un poeta famoso. Sus obras han sido consideradas en parte como autobiográficas, y así parece quedar reflejado en sus poemas narrativos *El infiel*, *La novia de Abydos*, *El corsario*, *Lara* y *Melodías hebreas*.

Abandonado por su esposa Anna Isabella Milbanke, a causa de sus presuntas relaciones con su hermanastra Augusta y las dudas sobre su cordura, entró en un serio desequilibrio emocional que le motivó a abandonar Inglaterra en 1816 y nunca volvió. Recluido voluntariamente en

Génova, allí escribió el tercer canto de *Childe Harold* y el poema *El prisionero de Chillon*, mientras que en Venecia escribió *Manfred*, los dos primeros cantos de *Don Juan* y el cuarto canto de *Childe Harold*.

Fundador en 1822 de la revista *The Liberal*, junto con los poetas Percy Bysshe Shelley y Leigh Hunt, de la cual solamente se editaron tres ejemplares, escribió también *Una visión del juicio final* y *Don Juan,* posiblemente su mejor obra.

Defensor de la independencia griega y nombrado por ello Comandante en jefe de sus fuerzas, murió de fiebre en Missolonghi, tres meses después.

Mahoma

Este legendario profeta del Islam nacido en el año 570, fue la piedra angular para la creación del islamismo, aunque el origen de esta religión se atribuye a Alá, quien dio a conocer sus leyes en la figura de Mahoma y otros profetas anteriores.

Natural de Al-Hijaz, una ciudad de Arabia occidental, Mahoma era miembro de la familia Hashim, dentro de la tribu Quraysh, a su vez el grupo más importante en la Meca y que gozaba de cierto prestigio religioso derivado de sus derechos hereditarios. Huérfano desde niño, la leyenda describe las señales y portentos sobrenaturales que adornaron su nacimiento, tan importantes como los de Jesús, por lo que le impusieron el nombre de Mahoma debido a un sueño que había tenido su abuelo.

Partiendo desde La Meca en una caravana comercial, visitó Siria y allí fue reconocido como profeta por diversos hombres santos, judíos y cristianos, quienes afirmaban que su llegada había sido descrita en los libros sagrados. Su condición de profeta quedaba confirmada por ciertas marcas en su cuerpo y por señales milagrosas de su naturaleza, describiéndose su primera experiencia profética cuando tenía 40 años, justo en una cueva del monte Hira, en las afueras de La Meca. Allí se le apareció el arcángel Gabriel, quien le indicó que debía "predicar" (*iqra*), repetir, una sentencia que decía: "¡Predica en el nombre de tu Señor, el que te ha creado! Ha creado al hombre de un coágulo. ¡Predica! Tu Señor es el Dadivoso que te ha enseñado a escribir con el cálamo: ha enseñado al hombre lo que no sabía". En las siguientes revelaciones se le advirtió que los hombres serán inevitablemente juzgados por Dios por su mala conducta en el mundo terrenal, y castigados con severidad si no se corrigen.

Muy pocos judíos aceptaron el Islam, pues la mayoría fueron expulsados o ejecutados por orden de Mahoma a medida que su relación con ellos empeoraba, al considerárselos como agentes o aliados de sus enemigos. Con el tiempo el poder de Mahoma no fue exclusivamente religioso, pues al mando de un fuerte ejército atacó a las caravanas de La Meca y logró numerosas alianzas con las tribus vecinas, consiguiendo finalmente hacerse con el control de La Meca casi sin oposición. La Kaaba, el santuario principal del Islam, fue finalmente abierta a los musulmanes. Esta estructura de piedra en forma de cubo de una sola estancia es, según la tradición islámica, el principal santuario y centro de peregrinaje de Arabia, construido por los profetas Abraham e Ismail.

Mahoma fue sepultado en su casa de Medina, y la segunda mezquita en importancia del Islam se construyó en las inmediaciones de su tumba.

Martín Lutero

Natural de Eisleben, actual Alemania, Lutero nació en el año 1483, como hijo de una familia acomodada dedicada a la minería. Una vez finalizados sus estudios de Arte ingresó en el convento de los agustinos para ser ordenado sacerdote, doctorándose también en teología, cargo que desempeñó en la Universidad de Wittenberg.

Sus estudios religiosos le llevaron a expresar su disconformidad con ciertas prácticas de la Iglesia que consideraba alejadas del espíritu de las Sagradas Escrituras, especialmente aquellas leyes que otorgaban privilegios a cambio de dinero. Para divulgar mejor sus conclusiones, elaboró las "Noventa y cinco tesis del castillo de Wittenberg", escritas en 1517 y que fueron un serio alegato contra lo que él consideraba la decadencia de la Iglesia y sus dirigentes.

Insistía en la idea primaria del cristianismo, con una sola fe, en cuyo vértice debía reinar la figura de

Jesucristo, restando importancia a la función del Papa. Desde Roma le "perdonaron" sus escritos y le otorgaron una bula papal (Exsurge Domine), a la que respondió con aún más críticas, además de quemar el documento en la plaza pública de Wittenberg.

Su enfrentamiento con el Papa León X le motivó a publicar la trilogía que sentaría las bases de la nueva Iglesia luterana, compuesta por: "Manifiesto a la nobleza cristiana de Alemania", "La cautividad babilónica de la Iglesia" y "La libertad del cristiano". En ellas insistía en la supresión del celibato eclesiástico y la anulación de la pompa en los sacramentos del bautismo y la eucaristía.
Protegido finalmente por Federico de Sajonia, dedicó parte de su tiempo a traducir al alemán el Nuevo Testamento y más tarde la Biblia entera, publicando posteriormente "De la esclavitud del arbitrio", y "Exhortación a la paz".

Salomón

«La muerte y la vida están en poder de la lengua; cual sea su uso, tales serán los frutos que se comen.»

Nació en Jerusalén en el año 1000 a.C., hijo de David y Betsabé, y fue elegido rey de Israel en los años 970-931 a.C. Levantó el templo de Jerusalén para cobijar el Arca de la Alianza y un suntuoso palacio real.

La leyenda ha idealizado la figura de este soberano, presentándole como un hombre de gran sabiduría, paradigma de ponderación y justicia, y en diversos pasajes de las Sagradas Escrituras se describe el famoso Juicio de Salomón o la visita de la reina de Saba. Así mismo, se le atribuye la autoría de diferentes libros sapienciales del Antiguo Testamento, como el "Cantar de los Cantares", el "Eclesiastés", el "Libro de la Sabiduría", los "Proverbios" y los "Salmos de Salomón", algunos de los cuales, sin embargo, parece que fueron compuestos con bastante posterioridad a la época salomónica.

Miguel de Unamuno

Nació en Bilbao en 1864-Salamanca y comenzó su popularidad con su célebre discurso en la Universidad de Salamanca. Perteneciente a la generación del 98, publicó sus ensayos En torno al casticismo (1895), "Vida de don Quijote y Sanch" (1905), así como en numerosos poemas. También escribió novelas experimentales como "Niebla" (1914), y otras de tema ético y religioso, como "San Manuel Bueno, mártir" (1933), "El Cristo de Velázquez" (1920) y también obras de teatro como "Medea" (1933).

Willian Shakespeare

Este dramaturgo y poeta, nacido en Stratford on Avon, Reino Unido, en 1564, publicó su primer poema en 1953, dedicado a Venus y Adonis. Posteriormente continuó con "La violación de Lucrecia" (1594), "Sonetos" (1609), y un total de catorce comedias, diez tragedias y diez dramas históricos. Antes de 1600 aparecieron la mayoría de sus «comedias alegres», destacando "Sueño de una noche de verano", retornando después a las «comedias oscuras» como "Hamlet", "Otelo" y "Macbeth". En sus últimas obras se dedicó a la tragicomedia, siendo una de las más reconocidas "Pericles".

Frases ingeniosas de Woody Allen

Cuando las diga no se olvide de mencionar a su autor, no se ponga méritos que no le corresponden

- *"El sexo entre 2 personas es una cosa hermosa; entre 5 es fantástico..."*

- "Yo no estoy asustado por la muerte, simplemente no quiero estar allí cuando suceda."

- *"Si Jesús volviera hoy, y viera lo que han hecho en su nombre, volvería a irse a los cielos."*

- "Si mi película hace a una más persona miserable, he hecho bien mi trabajo."

- *"Lo que simplemente voy a mostrar es lo que usted podría hacer si fuera un psicópata total."*

- "Nietzsche dice que todos viviremos la misma vida, nuevamente. ¡Dios!, tendré que ver de nuevo a mi agente de seguros."

- *"La muerte es una de las pocas cosas que pueden hacerse fácilmente, simplemente yaciendo boca abajo."*

- "No solamente es terrible que Jesucristo haya muerto, simplemente, traten de encontrar un fontanero un fin de semana."

- *"No critiquen la masturbación, es el sexo con uno mismo."*

Diversos métodos de desobediencia civil:

1. Permanecer en una calle central cantando la palabra 'pudding' hasta que alguien te ponga una denuncia.

2. Telefonear a los miembros de la 'clase dirigente' y cantarles 'Betty, usted es ahora mi Mujer' por teléfono.

3. Disfrazarse de policía y realizar un asalto a una comisaría.

123

4. Pretender poner una   alcachofa derecha cuando la gente pasa por la calle.

5. Hacer las abominaciones que están fuera de la ley, particularmente si las abominaciones se han hecho mientras tienes puesto un babero con un dibujo que muestra una langosta."

"Yo conseguí una cosa inédita: leer 'Guerra y paz' en veinte minutos."

"Pensamiento: ¿Por qué hay tantas matanzas? Ellos matan por el alimento. Y no solamente alimento: frecuentemente debe haber alguna bebida."

"Yo no quiero llegar a ser inmortal mediante mi trabajo,   quiero llegar a ser inmortal no muriendo."

"¡Si el único Dios me diera alguna señal clara! Por ejemplo, ¿cómo hacer un depósito a mi nombre en un banco Suizo?"

"Si resulta que hay un Dios, yo no pienso que sea perverso. Pero lo peor que usted puede decir sobre Él es que básicamente no ha tenido éxito con nosotros."

"Más que en cualquier otro tiempo en la historia, la humanidad encara sus encrucijadas. Su trayectoria le conduce a la desesperanza. La otra, a la extinción total. Nos dejan rezar pero nosotros tenemos la sabiduría para escoger correctamente, salvo cuando acudimos al dentista."

"El dinero es mejor que la pobreza, únicamente por razones financieras."

"Mi único lamento en la vida es que yo no soy otra persona."

"¿Cómo puedo creer yo en Dios cuando simplemente la semana pasada el rodillo de una máquina de escribir eléctrica consiguió coger mi lengua?"

"Fui expulsado del colegio por copiar en el examen de metafísica; miré en el alma del muchacho que se sentaba próximo a mí."

"Es imposible experimentar uno la muerte objetivamente y todavía seguir cantando una melodía."

"Es imposible viajar más rápido que la velocidad de la luz, y seguramente no deseable, especialmente cuando llevas puesto un sombrero."

"Parece que el mundo se divide entre la gente buena y mala. Las buenas duermen mejor... mientras que las malas parecen disfrutar mucho más cuando están despiertos."

"La vida se divide en horrorosa y miserable."

"Los estudiantes que logran la Unidad no podrán luego salir por la puerta de la clase."

"Hay peores cosas en la vida que la muerte. ¿Ha estado usted alguna tarde con un vendedor de seguros?"

"¿Y si todo esto no existe y es solamente una ilusión? En ese caso, yo, definitivamente, tiraré mi alfombra."

"Estoy pasmado por la gente que dice que el Universo se va a acabar, cuando ya es suficientemente duro encontrar un aparcamiento alrededor de Chinatown."

"Yo intenté poner a mi esposa debajo de un pedestal."

"Cuando me escapé de casa, mis padres se dieron cuenta de lo que quería decir y alquilaron mi cuarto."

"¿Y si nada existe y nosotros todos somos un sueño de alguien? ¿Y si el único que existe en realidad es el tipo gordo de la tercera fila?"

"La nada eterna es la multa que le pondrán por haber llevado corbata en unas oposiciones a barrendero."

"Yo no soy un ateo; soy la oposición leal a Dios."

"El crimen organizado en América gana cuarenta billones de dólares al año y gasta muy poco en objetos de oficina"

"La vida está llena de miseria, de soledad y sufrimiento, demasiadas cosas para un tiempo tan corto."

"¿Cómo es posible encontrar significado en un mundo tan finito, especialmente cuando miro mi tamaño de camisa y cintura?"

"Como el poeta dijo: Solo Dios puede hacer este árbol. Probablemente porque es tan duro que nos estropearíamos las manos con la corteza."

"Interesante la teoría de los astrónomos modernos que dicen que el espacio es finito. Este es un pensamiento muy reconfortante, particularmente para la gente que nunca puede recordar donde pusieron sus cosas."

"La mayoría del tiempo no me divierto mucho. El resto del tiempo no proporciono ninguna diversión a los demás."

"Su carencia de educación está perfectamente compensada por su agudamente desarrollada bancarrota moral."

"Odio la realidad, aunque es el único lugar en donde podemos conseguir un filete para cenar."

"Mis padres solamente me pegaron una vez. Empezaron el 23 de Diciembre de 1942 y terminaron en la primavera de 1944."

"Cuando crecí no me aceptaron en el ejército porque fui declarado inutilísimo y en caso de guerra solo podía ser prisionero."

"No, este no es el final, pero no es siquiera el principio del final. O puede ser, tal vez, el final del principio."

LECCIÓN QUINTA

En una negociación durante una huelga, por ejemplo, la parte patronal y la laboral intercambian mensajes, que también son atendidos por dirigentes políticos, autoridades, periodistas, etcétera, que constituyen el público. En razón del aumento extraordinario de los medios de comunicación de masas, tanto los escritos como la radio y la televisión, la comunicación social o pública ha causado una verdadera revolución y ha llegado a ser uno de los factores más importantes de la política y la economía contemporánea.

Negociar con los opositores

Negociar es tratar y comerciar, comprando y vendiendo o cambiando géneros, mercaderías o valores, así como ajustar el traspaso, cesión o endoso de un vale, efecto o letra. Es tratar asuntos procurando su mejor logro y para ello se emplea la diplomacia, la sutileza, la presión, soborno, el cariño y, frecuentemente la violencia e intimidación. Pero también es la forma de intentar resolver, mediante la discusión, los problemas que surgen, bien entre los individuos, bien entre las colectividades de los que estos forman parte. En resumen, es la forma más racional de solucionar los problemas entre las partes. Discutir tampoco es malo, pues supone examinar y ventilar atenta y particularmente una materia mediante el diálogo, escuchando al otro y alegando nuestras razones a su parecer. Contradecir sería decir uno lo contrario de lo que otro afirma, o negar lo que da por cierto, aunque hay quienes suelen decir o hacer lo contrario de lo que antes ha dicho o hecho.

Cuando nos hemos reunido para negociar el principio básico no es demostrar que tenemos la razón, sino tener la voluntad de encontrar una solución satisfactoria para cada una de las partes involucradas en un problema. Mediante esta predisposición evitaremos el enfrentamiento mutuo o suavizaremos otro ya existente, buscando solamente un diálogo constructivo.

Bases para un buen acuerdo:

- Escuchar y hablar. Si ello no es posible, exigir establecer unas bases maestras para el diálogo

- Plantear nuestro caso de forma que parezca una ventaja para el oyente

- Ser conscientes de nuestro poder y no extralimitarnos

- Conocer profundamente al contrario y sus deseos

- Diferenciar entre necesidades y deseos

- Establecer un buen y sólido acuerdo, nunca medidas provisionales

- Gestionar las peticiones con habilidad y sutileza

- Hacer las mínimas concesiones, pero que parezcan muy importantes

Nuestro opositor

Quienes están delante de nosotros gestionando un acuerdo posiblemente posean tanto o más poder que nosotros, pues ya sabemos que la unión hace la fuerza. Al enemigo nunca hay que menospreciarlo y es bueno saber antes de comenzar a hablar quiénes son, cuál es su poder real, y qué podrían lograr si se opusieran firmemente a nuestras peticiones.

El poder surge de la posición dentro de la organización o de su influencia dentro de ella y puede ser:

Intelectual

Es aportado por los conocimientos sobre las personas y de su capacidad de persuasión. Frecuentemente un buen orador consigue mejores resultados aunque esté vendiendo arena para el desierto, que otro que no sepa explicarse aunque nos venda el Paraíso a precio de saldo. Esto lo saben bien los líderes, pues procuran ceder siempre la palabra a las personas de la oposición peor preparadas intelectualmente.

Personal

Es algo particular que no supone esfuerzo, pero que se tiene por naturaleza. Está motivado por la persistencia y la fe en su posición, en el convencimiento de que se tiene la razón o cuando se es víctima de una gran injusticia. Afortunadamente, estas personas suelen tener una gran capacidad para negociar con habilidad, pues tienen confianza en el resultado.

Coyuntural

Cuando el opositor ha elegido el momento oportuno para la demanda, casi siempre aprovechando la debilidad del otro. Si se aprovechan todos los factores y circunstancias del momento para lograr que se tome una decisión de un asunto importante, indudablemente se estará en una adecuada posición de ventaja.

Predisposición para incordiar

Son los peores oyentes, pues diga lo que diga le molestarán y nunca estarán de acuerdo. Su deseo es no pasar desapercibidos, pues así dan sentido a sus vidas aunque sea a costa de molestar allí donde estén. Van con la intención inamovible de oponerse, aunque usted tenga la mejor de las voluntades por llegar a un acuerdo y complacerle. Su capacidad para obstruir, obstaculizar o provocar molestias en cualquier parte es total. Esas personas desean decirle algo fuerte, grave, pues así cuando vuelvan a sus casas le contarán a su fiel familia lo valiente que ha sido y las duras palabras que han empleado. Ese es su único leitmotiv en su vida, dar la nota aunque sea a costa de molestar y agotar la paciencia del mismísimo Job.

Lleve usted la batuta o perderá

Estas son las claves que no deberá olvidar en cualquier negociación:

1. Tenga a mano toda la información necesaria, pues no existe mejor argumento que una buena base de datos en la mente o sobre el papel.

2. Los datos deberán estar siempre accesibles, ya que si pierde el tiempo buscando entre los papeles sus adversarios aprovecharán para hablar entre ellos y tendrán oportunidad de elaborar nuevas estrategias.

3. Tiene que comprender la pregunta pertinente con tal profundidad que pueda discutirla de manera eficaz.

4. Aprovecharse cada oportunidad que tenga para aportar nuevos datos durante la negociación.

5. No les interrumpa si no es con un adato abrumador y contundente.

6. Cerciórese de quienes pueden ser sus aliados en un momento dado y diríjase a ellos con preferencia.

7. Procure que sus opositores muestren todas sus armas, pues con esta información conseguirá mejores argumentos.

8. Deseche la información que apoye la posición de la otra parte

La negociación

Ya se han calmado los ánimos y cada uno ha puesto sobre la mesa sus reivindicaciones, por lo que es el momento de tomar acuerdos. Este es el esquema que le interesa seguir:

1. Preparación

Procure que la gente esté cómoda, que no tenga hambre y que el ambiente sea tranquilo a su   alrededor. Ya sabe que

Jesucristo antes de dar el sermón les proporcionó comida y bebida.

2. Objetivos

Los opositores gustan de hablar de temas personales, habitualmente con insultos y descalificaciones, pero debe procurar que se centren en el motivo de la reunión.

3. Información

Los datos deben estar contrastados, nada de "me han dicho" "he oído" o "tengo entendido". Los comentarios de personas que no estén en la reunión no se tendrán en cuenta.

4. Concesiones

No se trata de que uno pida y el otro otorgue, sino de un intercambio en las concesiones y las mejoras.

5. Estrategias

Todo debe quedar bien claro y, si es posible, firmado. Desde ese momento las relaciones tienen que haber mejorado, pues en caso contrario hay que reanudar las conversaciones.

6. Síntesis

Antes de abandonar la reunión hay que recordar todo lo hablado, las conclusiones y asegurar un futuro sin discrepancias.

7. Observación

Cuando los interlocutores se marchen, y en los días sucesivos, obsérveles para comprobar la sinceridad de sus acuerdos.

También debe tener en cuenta estas cuestiones:

1. Discusión

Cada una de las partes debe exponer, en un tiempo similar a la otra, las razones por las que cree necesaria una cosa, tratando de demostrar con datos o argumentos las razones para esta petición. El secreto para el éxito es tratar de aportar argumentos sólidos y exponerlos de manera persuasiva, nunca impositiva, que no puedan ser rebatidos. La mayoría de las interminables negociaciones es porque ambas partes suelen tener razón, al menos cuando miran por sus propios intereses.

2. Detalles

Parecen de menor importancia, pero suelen ser la causa por la cual muchos acuerdos se rompen a los pocos días, llegándose entonces a una posición de difícil entendimiento.

3. Las propuestas

Muchas discusiones se resolverían antes simplemente dejando que la parte contraria realizara su propia oferta. En ese momento posiblemente veamos una salida que ya teníamos en la mente o una idea nueva que debemos reconsiderar.

4. Las opciones

Se suelen llamar también como el paquete, y se refiere a una amplia gama de ofertas para que se elija una o varias, lo que indudablemente suele dar buen resultado. Salvo que la parte contraria ya tenga su decisión tomada y solamente desee que se le atienda su petición, es difícil no encontrar una opción que satisfaga.

5. El intercambio

Posiblemente no podamos conseguir lo que deseásemos, pero si a cambio de una renuncia otorgamos un bien también solicitado, el contrario reconsiderará su postura ante esta nueva oferta.

6. El apretón de manos

Finalmente, y una vez que se han firmado los pactos, hay que recalcar lo acordado y preguntar si todos están satisfechos, momento en el cual el apretón de manos, o "ir a tomar algo", es algo obligado.

EL LÍDER

Un líder es un director, jefe o conductor de un partido político, de un cuerpo social o de otra colectividad, aunque también se considera a quien va a la cabeza de una competición deportiva. Estas personas gozan de cierta actividad sobre un grupo y sus conclusiones y deseos se suelen cumplir con mayor agrado que cuando son efectuadas por otro.

Pero ser líder es una pesada carga, aunque en ocasiones muy gratificante, ya que dirigir o estar a la cabeza de un grupo, partido político o equipo deportivo, agota más que dejarse llevar simplemente. Siempre es más cómodo y menos arriesgado ser el segundo de abordo que el primero, pues estas personas que están siempre al lado del líder gozan de igual prestigio, pero no recogen nunca los problemas. Además, cuando la gente pide la cabeza siempre busca la del líder, y casi nunca la del segundo quien, como la historia nos recuerda, termina por convertirse en el nuevo jefe.

EL BUEN LÍDER EL MAL LÍDER

Tiene que conquistar con entusiasmo, buscando la lealtad y demostrando que ciertamente quiere a sus subordinados	Nunca debe imponer miedo, ni exigir sumisión, ni mucho menos castigar al opositor.
Mandar es un arte mucho más difícil de ejercer que obedecer. Se necesita inteligencia, observación y estudios.	Suele contar solamente con su propio poder para hacerse obedecer. No tiene en cuenta los deseos de las personas, salvo que coincidan con los suyos.
Debe intentar educar para que las personas sean capaces de resolver sus problemas y no delegar.	Simplemente da órdenes, aunque las da con mucha energía y con ademanes autoritarios

Tiene que dar ejemplo y enseñar a los demás, aportando las nociones técnicas precisas y dirigiendo los ejercicios prácticos, para proporcionar a los subordinados los conocimientos específicos que necesiten.	Permanece siempre apartado de las personas y hace que sus servidores ejecuten siempre sus órdenes, lo que suele proporcionar una mala opinión en la gente.
Una ley debe ser explicada, lo mismo que las medidas económicas y políticas. La ignorancia del pueblo sobre los asuntos de su líder y las razones por las cuales ha llevado a cabo sus obras, nunca es buena.	No se trata de doblegar la voluntad de las personas, ni que obedezcan ciegamente como si las órdenes las hubiera dado un dios todopoderoso. Explicar razones es una buena idea.

El buen líder encuentra siempre la palabra y la motivación adecuada a cada persona, no cometiendo el error de creer que todos son iguales.	Las leyes deben ser universales, pero teniendo en cuenta a las minorías. Puesto que cada persona es diferente, requiere siempre un trato distinto.
Tiene que guiar a las personas, no ordenar.	Suele espolearles y criticarles.
No quiere ordenar y que le obedezcan sin pensar.	Ante todo está el principio de autoridad, con las jerarquías bien establecidas.
Inspira confianza en sus decisiones.	Solamente inspira temor o miedo a contradecirle.
Habla como si se tratase de una gran comunidad	Se refiere más a servidores y jefes que a un grupo

Siempre es puntual y llega antes que nadie para dar ejemplo y tenerlo todo dispuesto	Es inflexible con quienes llegan tarde
Indica el fallo con una sonrisa y aporta la solución	Solamente parece dispuesto a las críticas y los castigos
Se comporta como un maestro paciente con la torpeza ajena	Actúa con prepotencia y criticando duramente los fallos
Da ejemplo de buen hacer	No tiene que demostrar su propia valía, pues para eso tiene empleados
El ambiente de trabajo es agradable gracias a su trato	Hay miedo en su presencia y deseos de burla en la ausencia

Ante todo se da cuenta de que se trata de personas con sus propios problemas	Les considera como máquinas que deben ser eficaces, exigiéndoles que dejen sus problemas personales en la calle
Se mantiene constantemente interesado por lograr el bienestar de sus servidores	Nunca hace preguntas sobre cómo les va en su familia
No quiere imponer disciplina, pues desea que sus empleados la posean por sí mismos.	Cuando algo no va bien nunca se considera culpable, pues seguramente ha sido por una negligencia de alguien

RECUERDE:

1. Hay que ponerse siempre en el pellejo del otro, tratando de comprender a los demás y sus necesidades.

2. No les llame la atención en grupo, especialmente cuando la persona esté abrumada por sus acciones. Serénese antes de efectuar la reprimenda, pues si está alterado seguramente dirá cosas graves de las cuales luego se arrepentirá.

3. No sea rencoroso, pues un fallo no cuestiona la valía de una persona.

4. Dé siempre buen ejemplo de educación, serenidad, puntualidad y eficacia.

5. Conozca bien su trabajo y el de sus subordinados. El mejor técnico tiene que ser usted, pues un jefe inculto no suele ser bien aceptado.

6. Debe saber lo suficiente de la vida de las personas a su cargo, pero solamente para apoyarles o comprenderles.

7. No ejecute órdenes, aunque sean con palabras amables. Emplee la motivación y explique siempre la razón para que sean ejecutadas. Cuando aparentemente haya que

realizar trabajos mal aceptados, la mejor manera es explicar las razones que le han llevado a pedir esa acción.

8. Suele ser muy bien aceptado que les pregunte por sus hijos o, incluso, que les mande algún regalo por navidad.

9. Cuando pida algo, su orden debe ser comprendida sin problemas y exactitud. Asegúrese que es así.

10. No muestre nunca debilidad, temor o dudas con los violentos, pues se aprovecharán de ello y será un mal ejemplo para todos.

11. Acostumbre a subir de categoría a la gente más antigua.

12. Nunca levante la voz, aunque tenga motivos para ello.

13. Premie siempre los resultados, con dinero o felicitaciones.

14. Si no puede subir el sueldo, al menos otorgue otras mejoras, como días libres.

15. Si algo no va bien en la empresa pida opinión, pero no solamente a los más próximos.

16. Si tiene miedo de delegar en alguien sus funciones y no quiere ocasionar envidias en el resto, realice una encuesta para saber quién se merece el ascenso.

17. Acostúmbrese a entablar conversaciones privadas con todos los empleados. En ese momento es cuando puede aprovechar para felicitarles o reprocharles su mal comportamiento.

18. Observe a escondidas el desarrollo del trabajo, pues así averiguará quién molesta a quien.

19. Cumpla sus promesas

20. No establezca distinciones por cuestión de sexo o edad.

LECCIÓN SEXTA

Plantas y otros elementos para mantener los nervios bajo control

AVENA
Avena sativa

Partes utilizadas:
Se emplean las semillas y hojas.
Composición:
Contiene potasio, azufre, fósforo, sílice y proteínas (35%), además de hierro, calcio, magnesio, vitaminas A, B1, B2, PP, E, D y C, así como carotenos. Hay proteínas, glucósidos, enzimas, almidón.
También se encuentran saponinas con efectos antibacterianos, pectinas y ceras.
Almidón, nitrógeno, avenarina, quinona, guanina, colina, hipoxantina, raevulosario.

Usos medicinales:
Es diurética, rejuvenecedora, sedante, refrescante y energética. Se emplea como energético, para calmar los **estados ansiosos** y para aliviar los trastornos de la menopausia. En menor proporción es empleada en las bronquitis (especialmente cuando el moco contiene sangre) y los edemas. Es laxante suave, tónico nervioso, diurética y ayuda a controlar la hipertensión. Los copos se emplean con éxito en el tratamiento del colon irritable y son ideales para estómagos sensibles, pacientes

desnutridos y como primer alimento después de una operación quirúrgica.

Otros usos:

Con su harina se preparan multitud de cosméticos contra las arrugas y para mantener la lozanía de la piel. También se puede emplear para lavar la piel de los niños y evitar las escoceduras, y en general para aplicarla directamente sobre la piel irritada o con dermatitis. Como jabón se aplica para eliminar la costra láctea.

Ayuda en la cura de desintoxicación por opiáceos y **nicotina**.

Su harina se emplea con éxito para el baño, especialmente en bebés. Sirve para la preparación de whisky. Para combatir el estreñimiento hay que utilizar la avena cruda, lo mismo que para combatir el estrés. También se recomienda para combatir el síndrome de la dependencia medicamentosa o de drogas, para limpiar el aparato digestivo y para controlar la actividad hormonal en las mujeres.

Toxicidad:

No tiene toxicidad. Contiene gluten.

ELEUTEROCOCO
Eleuterococus senticosus

Partes utilizadas:

Se emplean sus raíces.

Composición:

Eleuterósidos A, B, D E, J, K, L, M.

Usos medicinales:
Estimulante y adaptógeno. Se emplea mundialmente como sustituto del Ginseng para las disfunciones sexuales, como estimulante hormonal y **nervioso**, así como para mejorar la prostatitis y el sistema defensivo.

Otros usos:
Tiene un ligero efecto antiinflamatorio, mejora la permeabilidad capilar y se le han encontrado acciones positivas en la diabetes y la hipotensión. Es afrodisiaco moderado en mujeres.

Toxicidad:
No tiene toxicidad. No emplear cuando hay fiebre, en la hipertensión, taquicardias o riesgo de infarto.

ESPLIEGO
Lavandula latifolia

Partes utilizadas:
Se emplean sus flores antes de abrirse dejándolas a la sombra sin que la temperatura pase de 35° C.

Composición:
Linalol, cumarina, tanino, saponina, heterósidos y acetato de linalino.

Usos medicinales:
Es ligeramente **sedante**, antiespasmódica, diurética e hipotensora. Se emplea para moderar la **irritabilidad**, la **agresividad** y la **neurastenia**. Tiene efectos balsámicos y antisépticos en las afecciones del aparato respiratorio. También se emplea en hemicráneas, jaquecas, alergias y para

mejorar la digestión en **personas nerviosas**. Externamente es muy eficaz para calmar dolores reumáticos, en las dermatosis y para la alopecia. La infusión sirve igualmente para lavar heridas, llagas, quemaduras y aliviar el dolor. Antiguamente se le consideraba un buen remedio contra la blenorragia.

Otros usos:
Su aceite esencial puede emplearse para neutralizar el veneno de las víboras, aunque no es un efecto contrastado.

Toxicidad:
No tiene toxicidad.

GINSENG
Panax quinquefolium

Recolección:
La raíz de seis años

Partes utilizadas:
Se emplea la raíz de seis años.

Composición:
Ginsenósidos, panaxósidos, ácido panáxico, saponina, fosfatos, estrógenos y las vitaminas C y B.

Usos medicinales:
Estimulante nervioso, hormonal y muscular, así como hipoglucemiante ligero, antiespasmódico y afrodisíaco. Es la planta medicinal más utilizada en todo el mundo y de la que todavía no conocemos todas sus propiedades. Se emplea con éxito en los **decaimientos**, **agotamiento nervioso**, **estrés**,

fatiga intelectual, **mala memoria** y riego sanguíneo cerebral disminuido. También para corregir los problemas nerviosos y hormonales de la menopausia, para aumentar las defensas inespecíficas, en la disminución prematura de la potencia sexual, como regulador de la presión sanguínea y en las diabetes no estabilizadas.

Otros usos:
No se recomiendan dosis diarias superiores a los dos gramos, aunque se han logrado resultados óptimos en casos de insomnio empleando cinco gramos/día. En el mercado se encuentran preparados adulterados con azúcar y raíces de menos de seis años.

Toxicidad:
A pesar de que no tiene toxicidad, no hay que sobrepasar la dosis de dos gramos diarios.

HIPERICÓN
Hypericum perforatum

Partes utilizadas:
Se emplean las flores y las hojas.

Composición:
Contiene hipericina, hiperósido, rutina, aceite esencial, tanino, flavonoides y quercetol.

Usos medicinales:
Sedante, astringente y vulnerario. Es el mejor **antidepresivo** natural que existe, sin que tenga efecto excitante. Corrige la **ansiedad**, las

taquicardias y las **neurosis**. Mejora las funciones biliares, las varices y las neuralgias.

Otros usos:

Externamente es un remedio natural contra las quemaduras, las heridas, contusiones y llagas. Con las flores se prepara un delicioso vino medicinal para combatir los decaimientos.

Toxicidad:

Su grado de toxicidad es bajo, aunque puede ser fotosensible. No tomar el sol cuando se emplea tanto por vía interna como externa.

MELISA
Melissa officinalis

Partes utilizadas:

Se emplean las hojas y las sumidades floridas.

Composición:

Contiene resina, mucílagos, glucósido y saponina en las hojas. La esencia es rica en linalol, citral, geraniol y citronelal, así como en limoneno que le da el sabor característico.

Usos medicinales:

Es digestiva, carminativa, antiséptica y algo **sedante**. Es una planta muy eficaz en afecciones "de la mujer", especialmente dismenorreas, jaquecas e **histerismos**. También tiene buenos efectos como antiespasmódica, sedante y para cortar las náuseas y vómitos del embarazo. Corrige las palpitaciones, **ansiedad**, vértigos y otros trastornos propios de un sistema nervioso alterado, lo mismo que los calambres y la vaginitis nerviosa. Externamente se emplea para mejorar las heridas, lavar los ojos enrojecidos y como un estupendo baño aromático relajante. Calma el picor de las picaduras de insectos y evita el estancamiento de la leche materna. No induce al sueño, por lo que es un remedio tranquilizante para tomar durante el día. Desde hace siglos se le ha considerado la mejor hierba para combatir la **melancolía** y la **tristeza**.

Otros usos:
Tiene sinergia con el Hipericón en las depresiones nerviosas. Con la Melisa se fabrica la popular "Agua del Carmen" o "Agua de Melisa", la cual fue popularizada por los monjes Carmelitas en 1.611 y que aún se puede encontrar en herboristerías y farmacias antiguas.

Toxicidad:
No tiene toxicidad.

PASIFLORA
Passiflora incarnata

Partes utilizadas:
Se emplean las flores.

Composición:
Alcaloides, fitosteroles, flavonoides, heterósidos, calcio y azúcar.

Usos medicinales:
Es sedante general de efecto suave. Es un buen **calmante nervioso**, siendo eficaz para tratar la **angustia**, **ansiedad** y los trastornos de la

154

menopausia. También en casos de arritmias, temblores seniles y palpitaciones. Su efecto es bastante rápido, incluso en casos de **insomnio**. Es un sedante adecuado para los niños.

Otros usos:
Se considera en el ámbito popular que esta planta tiene relación con la Pasión y Muerte de Jesús ya que con un poco de imaginación puede verse en ella los clavos y la corona de espinas. De ahí las otras denominaciones "Pasionaria" y "Flor de pasión".

Toxicidad:
No tiene toxicidad.

VALERIANA
Valeriana officinalis

Partes utilizadas:
Se emplea la raíz.

Composición:
Esencia, tanino, valeriana, glucosa, enzimas y valerianina.

Usos medicinales:
Es famosa por sus efectos sedantes que pueden inducir al **sueño**. También se le reconocen acciones antiepilépticas, contra la **excitabilidad nerviosa, agotamiento nervioso** e **insomnio**. Paradójicamente, dosis altas o prolongadas puede provocar intranquilidad y nerviosismo.

Otros usos:

Se emplea en el hipertiroidismo y para corregir los calambres por agotamiento muscular. Externamente alivia los dolores musculares y neurálgicos.

Toxicidad:
No tiene toxicidad.

VERBENA
Verbena officinalis

Partes utilizadas:
Se emplean las hojas y las raíces.

Composición:
Tanino, esencia, verbenalósido que se transforma en verbenalol, y mucílagos.

Usos medicinales:
Es espasmolítica, **sedante ligera**, digestiva, diurética y cardiotónica. Planta de uso muy popular, especialmente como sedante suave. Favorece la digestión al estimular la liberación de enzimas y el peristaltismo, alivia la congestión del hígado, estimula la liberación de bilis y ayuda a eliminar los cálculos biliares y renales. Tiene buenas propiedades para disminuir las taquicardias y palpitaciones de origen cardiaco, alivia las migrañas, las neuralgias y favorece la eliminación de orina. Externamente se emplea en gargarismos para aliviar la faringitis y en cataplasmas contra las torceduras, reumatismo y dolores de costado, así como para la ciática.

Otros usos:

Utilizada y sumamente apreciada en la antigüedad, (se la conocía como "hierba de la paz"), es hoy considerada una planta menor. Los modernos estudios sobre ella la están dando nuevo interés, empleándose también para elaborar un sabroso té.

La tradición popular la considera una hierba santa y la emplea para estimular las contracciones uterinas antes del parto, también como afrodisíaco femenino y para alejar los malos espíritus.

Toxicidad:
No tiene toxicidad.

Homeopatía

ARGENTUM NITRICUM

Elaborado a partir del nitrato de plata disuelto en agua, este compuesto homeopático que se emplea generalmente a la 9CH, es útil para casos agudos de pánico a salir delante del público, pues mitiga la ansiedad, el temor y los presentimientos negativos.

5 gránulos dos veces al día, debajo de la lengua, sin masticarlos.

"El orador no habla exclusivamente con palabras. Si su vocabulario se demuestra inadecuado, él puede ayudarse junto con los gestos, la mímica o las modulaciones de la voz. Al relacionar algo confuso, bajará su voz al nivel de un cuchicheo. Si tiene un misterio para desvelar, aumenta su volumen para indicar algo importante en su discurso y rompe la cadencia de sus palabras empleando frases que acompaña con un significativo pestañeo o entornando los ojos. Si tiene que describir un poco de belleza sobrenatural, cerrará sus ojos y girará su cabeza como si estuviera en un auténtico éxtasis. De esta manera, el oyente puede entender mucho más de él que con la simple palabra hablada. "
Jiri Langer

SITUACIONES QUE AGRAVAN EL ESTRÉS

Si usted ha tenido una semana difícil, con trabajo abundante y muchos problemas, posiblemente no esté en una buena situación para dirigirse al público.

Estas son algunas dificultades añadidas que le pueden hacer quedar mal en su oratoria e incluso ganarse muchos enemigos:

• Personalidad agresiva, deseo de hacer justicia, intolerancia con el discrepante.

- Impaciencia por conseguir los fines perseguidos, con los torpes, con los ancianos y en general con cualquier persona poco habilidosa o incapaz de hablar con exactitud.

- Comer habitualmente una dieta poco saludable, rica en carne y carentes de grasas vegetales. También las carencias de vitaminas del grupo B.

- El alcohol (nunca se dirija al público con una copa de más.)

- Un entorno hostil, lleno de ruidos, con barullo en el exterior.

- Problemas familiares que permanecen en su mente.

- Haber dormido mal la noche anterior.

- Práctica deportiva demasiado intensa o continuada.

UTILIZACIÓN DE LA MÚSICA AMBIENTAL

Posiblemente nadie le concede el valor que realmente tiene, pero una música ambiental inadecuada puede crispar los ánimos aún más si ya están revueltos. Si quiere que todo esté en orden, elija con cuidado la música que ambientará los momentos anteriores a su discurso.

La música hay que emplearla bajo tres parámetros:

• Cadencia o ritmo.
• Intensidad o volumen.
• Frecuencia o posición en el pentagrama.

Sabemos que las notas altas, agudas, actúan preferentemente sobre las contracturas musculares, se propagan rápidamente en el espacio aunque en distancias cortas, actúan fuertemente sobre el sistema nervioso, constituyen una señal de alerta y aumentan los reflejos, al mismo tiempo que nos ayudan a despertarnos o a sacarnos de un estado de cansancio o sopor. Como factor negativo tenemos el hecho de que el oído es especialmente sensible a ellas y de ser muy intensas y prolongadas lo pueden dañar, lo mismo que su efecto sobre el sistema nervioso puede provocar cierto descontrol y alteraciones en los impulsos nerviosos que se vuelven incontrolados.

Las notas bajas, graves, no parece que tengan influencia sobre las terminaciones nerviosas y su efecto es más mecánico, por lo que tienen mayor influencia sobre las zonas corporales huecas, como los pulmones, corazón y abdomen, quizá porque son lugares idóneos para las resonancias. Las notas graves se perciben mal en distancias cortas por lo que su efecto inmediato es difícil de medir, aunque son capaces de ser audibles en muchos kilómetros a la redonda. Su efecto mecánico es tan poderoso que pueden resquebrajar muros, carreteras, terrenos y actuar con un efecto vibratorio muy intenso en cualquier cuerpo sólido. Terapéuticamente tienden a producir efectos sombríos, visión pesimista del futuro y tranquilidad extrema.

La cadencia de las notas musicales, graves o agudas, es el segundo factor en importancia y así tenemos que mientras que los ritmos lentos inducen a la paz y la meditación, los más rápidos invitan al movimiento y a exteriorizar los sentimientos.

El tercer y último elemento musical es la intensidad, la cual indudablemente ha ocupado en nuestro siglo una preponderancia quizá aún mayor que las otras dos, a causa del desarrollo tan extraordinario de los potentes equipos de sonido. Cualquiera de los otros dos efectos, cadencia o frecuencia, producen efectos mucho menores que la intensidad del volumen, hasta el punto en que una nota o partitura que en sí misma es tranquilizante, puede volverse irritante si el volumen es más alto que lo que esa persona puede soportar.

Para simplificar las utilidades de la música voy a poner unos ejemplos:

Notas agudas a bajo volumen:

Son agradables de escuchar, nos invitan a despertarnos con relax, nos predisponen al trabajo y nos dan alegría. Son antidepresivas y nos proporcionan felicidad. Ejemplos naturales de ello tenemos el canto de los pájaros, el canto de los grillos y los juegos de un niño pequeño. Pocas personas hay que no se sientan felices ante estos sonidos, especialmente si se dan en un día soleado de primavera.

En cuanto a la música tenemos a los sonidos del violín, el clarinete y la clave, como elementos más significativos, así como la mitad derecha de las teclas del piano, el arpa y la guitarra clásica.

Notas agudas con alto volumen:

Constituyen una llamada de alerta, una nota de atención vigorosa, que nos despierta del sueño con rapidez. Estas notas pueden actuar decisivamente sobre grupos enormes de gentes y hacerles actuar a todos en un mismo sentido. Como factor negativo pueden irritar seriamente el sistema nervioso y auditivo, obligándonos a realizar acciones que no haríamos en un estado de tranquilidad.

Como ejemplo de ello tenemos las trompetas en los ejércitos que son capaces de parar a un ejército enfrascado en la batalla y las sirenas de alarma o de paro de la jornada laboral. El grito agudo de un niño pidiendo socorro nos mueve rápidamente a la acción, del mismo modo que el chirriar de un coche frenando nos produce pánico.

Como instrumentos musicales característicos estarían la guitarra eléctrica, la trompeta y los platillos de la batería golpeados por baquetas. Y en cuanto a sonidos de la naturaleza, encontramos la caída del rayo y el soplar del viento huracanado.

Notas agudas a alto volumen y muy rápidas:

Son la forma auditiva que más rápidamente influye en las personas y que más cambios corporales genera. Nos invitan al movimiento corporal, nos predisponen a mezclarnos con grupos de gente y casi nos obligan a seguir una dirección determinada. Emocionalmente mejoran la apatía, la debilidad de carácter y los complejos. En el aspecto negativo ya hemos dicho que tienen un efecto muy perjudicial sobre los oídos, son irritantes del sistema nervioso hasta el punto de descontrolarnos, aumentan la agresividad y perjudican las relaciones sociales íntimas y personalizadas.

Instrumentos musicales que produzcan habitualmente estos sonidos son la batería, la guitarra eléctrica y los solistas de música rock, mientras que en la naturaleza los encontramos en la caída del agua de una gran cascada, el desbordamiento de los ríos o un enjambre de cigarras.

Notas graves a bajo volumen:

Son las notas más sedantes, las que nos motivan a movernos con lentitud, con paciencia y las que invitan a la reflexión. Pueden calmar rápidamente a grupos de personas discrepantes, provocar el sueño de un niño inquieto, produciendo una relajación muscular y nerviosa rápida y eficaz.
En la naturaleza abundan ejemplos de ello, como por ejemplo, el sonido de una noche en calma, el movimiento de las olas del mar o el vibrar de los campos. También encontramos estos sonidos en las palabras serenas de un abuelo, el mugir de las vacas, la respiración durante un sueño profundo y un pequeño ventilador.
En cuanto a los instrumentos musicales tenemos al contrabajo, el oboe y el violonchelo, entre otros.

Notas graves a fuerte volumen:

Son notas intimidatorias, que obligan a detenerse ante la presunción del peligro. Nos producen miedo o al menos prudencia y nos invitan a movernos con extrema lentitud. Se emplean generalmente para infundir pánico y para obligar a la reflexión inmediata a personas muy agresivas.
Como instrumentos musicales más característicos tenemos a los timbales, empleados abundantemente por los ejércitos en su avance hacia el enemigo, el

saxo barítono y el trombón. En la naturaleza lo escuchamos en las avalanchas de tierra y nieve, los movimientos sísmicos, el trueno, el rugir de un animal salvaje o en el estallido de un volcán en erupción. Una explosión, un tornado o un maremoto, son otros ejemplos de estos sonidos que sobrecogen hasta al más fuerte.

Si la cadencia es muy rápida, como una manada en estampida, una ametralladora o cientos de personas corriendo, el efecto de pánico puede ser incontrolable.

EJERCICIOS CASEROS DE RELAJACIÓN PROFUNDA

Esta tabla de ejercicios los puede practicar cuando llegue a su casa después de una agotadora jornada laboral o cuando los problemas sean tan importantes que estén a punto de alterarle seriamente. El consejo es que sustituya siempre el consumo de medicamentos o alcohol, por estos ejercicios.

1. Túmbese en el suelo de espaldas sobre una alfombra. Ponga una almohada debajo de sus pies y un pequeño cojín en sus riñones y quizá también le será necesario una almohada cervical en la nuca. Lo importante es que la postura sea tan cómoda que no desee levantarse durante bastante tiempo. Evite dormirse.

2. Cierre suavemente los ojos y trata de pensar en algún paisaje de película, pero no elija ningún lugar en el cual haya vivido experiencias anteriores, aunque sean placenteras. Lo importante es que su imaginación sea imparcial, no un recordatorio de épocas pasadas. Si tiene música ambiental procure que sea muy melódica.

3. Dicte continuadas órdenes a todo su cuerpo para que se relaje y para que no sienta absolutamente

nada. No se olvide también de relajar su respiración, su mandíbula y sus párpados. Si está perfectamente relajado dejará de percibir su cuerpo y su mente quizá abandone ese lugar y prefiera viajar.

4. Intente imaginarse que es capaz de levitar, que se está elevando del suelo y que se acerca al techo, sin esfuerzo.

5. Una vez que ha alcanzado la paz mental que necesitaba, es el momento de estirar todo su cuerpo. Primero contraiga fuertemente ambas manos y ciérrelas con fuerza. Después de unos segundos ábralas y trate de estirarlas con igual energía. Para final, relájelas y déjelas caer sin fuerza en la alfombra.

6. Haga lo mismo con sus pies, cerrándolos con fuerza y después abriéndolos. También tiene que tirar del empeine hacia arriba y posteriormente hacia delante. Relájelos después igual que hizo con las manos.

7. Recoja una rodilla y tráigala hacia el tórax. Después empuje la pierna hacia el frente, como si empujara una pared invisible. Relaje la pierna y cambie a la otra.

8. Haga lo mismo con los brazos, cerrándolos hacia el hombro y luego estirándolos con fuerza hacia

el frente. Cambie de brazo y relaje profundamente ambos.

9. Con los brazos estirados a lo largo del cuerpo arquee la espalda hacia arriba y manténgase así unos segundos. Relájese después y deje esa zona como muerta, insensible.

10. Ahora tendrá que desplazarse cerca de una pared para apoyar los pies en ella. Déjelos así unos segundos para que la sangre de las pantorrillas descienda hacia su corazón.

11. Ahora estire bien las piernas y ábralas en forma de uve, siempre apoyadas en la pared. Permanezca así al menos un minuto.

12. Finalmente, la incorporación debe hacerse paulatinamente. Primero apóyese en los antebrazos durante un minuto, después siéntese y ponga la cabeza en las rodillas, para levantarse poco a poco.

Algunos aspectos prácticos de la respiración:

Si queremos...

- Aumentar la energía y participar en proyectos conjuntos, haremos respiración completa.
- Si vamos a realizar algún deporte o esfuerzo físico, haremos completa pero muy tensa.
- Si queremos preservar nuestra intimidad, será superficial.
- Cuando presintamos un peligro y queramos defendernos, efectuaremos respiraciones violentas.
- Si queremos relajarnos y ser generosos, efectuaremos respiración completa pero sin esfuerzo.
- Cuando queramos protestar de una injusticia efectuaremos respiraciones fuertes.
- Si deseamos concentrarnos o ahorrar energía, retendremos la respiración.
- Si vamos a escuchar los razonamientos de alguien mantendremos la respiración de manera suave.
- Cuando deseemos estar simplemente en el mundo social, la respiración será completa pero sin esfuerzo.
- Si deseamos potenciar nuestro Yo, retendremos el aire suavemente.
- Cuando tengamos que otorgar favores o beneficios, soltaremos el aire.

- Si tenemos miedo o dudas, inspiraremos completamente de manera forzada.
- Cuando pensemos que vamos a realizar un fuerte esfuerzo retendremos el aire con fuerza.
- Si vamos a mandar u ordenar algo a un grupo de personas, soltaremos fuertemente el aire.
- Si vamos a emprender una acción importante y no queremos equivocarnos retendremos el aire fuertemente.
- Si sospechamos que van a engañarnos espiraremos suavemente.
- Cuando necesitemos aislarnos la respiración será superficial con mantenimiento muy suave.

LECCIÓN SÉPTIMA

La Imaginación

Si quiere conseguir éxito en sus discursos ante el público, debe visualizar en su mente el resultado óptimo antes de empezar. Pocas probabilidades tendrá de triunfar y de caer bien, si ni siquiera está convencido de su capacidad para cautivar al público. Eso se llama autoestima, facultad que requiere cierto entrenamiento personal, pues no es algo que se pida prestado.

El uso de la imaginación en las técnicas de sugestión intensifica los resultados y la eficacia. Jonathan Edwards dijo: "Las ideas e imágenes en las mentes de los hombres son el poder invisible que constantemente los gobierna". Un hombre sabio escribió: "Cualquier cosa que imaginemos con el corazón se podrá conseguir". Einstein añadió: "La Imaginación es la vista previa de los próximos acontecimientos".
Una de las características de la mente subconsciente es que espera ser comprendida, y la imaginación más eficaz es aquella que comunica el subconsciente con el corazón. La idea que usted tiene de sí mismo es lo que dirige y controla sus acciones, y puede usar su imaginación para mejorar o destruir. La mente subconsciente busca satisfacer sus necesidades más profundas, las expectativas y deseos, aunque le resulta difícil compaginar entre

171

deseo y miedo, y frecuentemente los interpreta igual.

Confianza en los resultados

El miedo es una expectativa negativa, nuestro mayor enemigo, aunque también nos proporciona prudencia. La confianza o la fe es una expectativa positiva y nuestro mejor aliado, pero debemos equilibrarlo con el miedo. La religión nos recuerda en multitud de pasajes la importancia de emplear la imaginación, pues sus dioses, ángeles y demonios no son visibles y necesitamos imaginarlos para darles forma concreta. Cristo decía que debíamos emplear la imaginación para que las oraciones fueran más eficaces, especialmente cuando nos aseguraba que "cualquier cosa que deseemos y la pidamos en oración, se hará realidad".

Piense en el triunfo, aunque haya fracasado antes

Hasta aquí hay una imagen en la mente, no en la realidad, aunque todos los grandes inventos empezaron con un pensamiento. El inventor puede visualizar la invención antes de que sea realidad y eso mismo lo vemos en la música, la escritura, y hasta en nuestros deseos cotidianos. Para la mayoría de las personas supone más disfrute imaginarse sus próximas vacaciones o fiestas que cuando las está viviendo. Si usted quiere cambiar su vida, su estilo o sus hábitos, debe cambiar primero la imagen que tiene ahora en su mente. Para conseguir una cosa primero hay que desearla, vivirla en nuestra mente, y luego ponerse a trabajar por ella. Un momento adecuado para estas ensoñaciones es cada noche, antes de irse a dormir y reforzar el pensamiento cada mañana, justo al despertarse.

No obstante, hay que diferenciar entre imaginación y soñar despierto, pues no se puede soñar si no tenemos imaginación. El soñador de día está satisfecho con el sueño, como quien piensa en encontrar algún día el amor o el trabajo ideal, pero no se motiva ni se pone en marcha para conseguir su meta. La imaginación no es pensar en un deseo, sino en mantener una esperanza intensa de lo que se desea con la motivación suficiente para que se haga realidad.

APRENDA A SER DIPLOMÁTICO

Puede parecerle muy duro y poco honesto eso de manipular a las personas, pero tenga en cuenta que sus opositores también quieren convencerle y obligarle a ceder ante sus pretensiones, y para ello emplearán todos los recursos a su alcance.

¿Qué es la manipulación?

Manipular es trabajar una cosa, manejar uno los negocios a su modo, o mezclarse en los ajenos. También es intervenir con medios hábiles, y a veces astutos, en la política, en la sociedad, en el mercado, etcétera, con frecuencia para servir intereses particulares, propios o ajenos.

La manipulación es un arte antiguo, aunque también una ciencia y una tecnología para hacer que otros hagan lo que necesitamos que hagan mientras piensan que es idea propia o que les beneficia. Tiene sus raíces en las primeras épocas de la civilización, pues ya sabemos que el primer manipulador fue la serpiente cuando le endulzó los oídos a Eva con las promesas de omnisciencia y omnipotencia.

Posteriormente los griegos perfeccionaron la ciencia pero la llamaron diplomacia. En realidad es un modo para lograr mantener buenas relaciones con los demás, pues en el lenguaje se emplea la cortesía aparentemente desinteresada. Detrás de un buen diplomático hay siempre una persona hábil, sagaz y con facilidad para disimular. Quizá todo esto le parezca poco ético, pero esto es lo que hay en cualquiera de las relaciones humanas, sean familiares, laborales o sociales.

Manual del buen diplomático

Consultar antes con el opositor jefe

Antes de cualquier trabajo de grupo hay que consultar primero, mejor en privado, con el jefe de los participantes para saber cuáles son sus pretensiones. Recuerde que si le convence a él convencerá a todos.

Crear dependencia

Es importante que el grupo opositor reconozca que no pueden hacer nada sin un acuerdo. Por eso es necesario crear o inventar periódicamente un nuevo estudio para tratar "entre todos" de solucionar los problemas. De lo que se trata es de que se haga indispensable para que ellos puedan conseguir sus deseos, tanto como un padre es indispensable para sus hijos.

Control del dinero

Un buen diplomático conseguirá tener el control de los fondos sin que parezca que los está manipulando a su antojo. Aunque la única firma válida para los cheques sea la suya, debe hacer creer que el dinero es trasparente y casi se encuentra a libre disposición de los demás. No se olvide de presentar un resumen de los gastos generales y resalte aquellos que pertenezcan a fines sociales, como guarderías y ayudas al estudio. Con seguridad no serán tan altos como los sueldos de los ejecutivos, pero si los señala con el dedo a lo mejor sus empleados no ven los otros datos.

Hable del "verdadero" enemigo

Usted sabe quién o quiénes son los culpables de que ahora tenga que estar en esa reunión soportando las críticas y las censuras de esas personas. Posiblemente sean los que están precisamente en las primeras filas, dispuestos a devorarle si se descuida. Serénese y no les mire directamente, pero en su discurso no se olvide hablar, de forma indirecta, de "aquellos que quieren hundir esta empresa". Recuérdeles esos refranes que hablan de la manzana podrida, de los que siembran la discordia, y de aquellos que solamente pretenden llamar la atención.
De igual manera que utilizamos a otras personas para que apoyen nuestras ideas, una parte importantísima de la manipulación es tener siempre a quien culpar cuando las cosas van mal. El truco es fácil, pues antes de que ellos le consideren el culpable debe buscar un chivo expiatorio que sea el blanco de las iras. Esto requiere que nunca acepte la responsabilidad por el impacto de sus acciones y delegue en otros esa carga. La solución es bien

sencilla: quéjese de todo, cuantas más veces lo haga mejor, pues curiosamente quien más se queja aparece siempre como la víctima. Y si no le basta, culpabilice a todos los asistentes con frases como, *"En mi anterior informe les advertí de esto y no me hicieron caso"* o *"Yo me lavo las manos en este asunto"*.

Hablar de los insolidarios

Si alguien cuestiona su gestión o metodología, no tenga reparos en hacer una llamada a la solidaridad, y critique a quienes solamente piensan en su propio beneficio sin importarle el bienestar de sus compañeros. Nuevamente se está dirigiendo a una o dos personas solamente, pero hablando en plural puede atacarles directamente sin que ellos le respondan.

Ataque a todo el grupo

Si usted dice, *"Aquí hay mucho sinvergüenza que en lugar de trabajar dedica su tiempo a hablar por teléfono con sus amigos"*, como casi todos los empleados lo hacen con más o menos frecuencia, todos guardarán silencio y durante unos minutos se abstendrán de seguir pidiéndole nuevas reivindicaciones.

Nunca ataque de frente, hágalo por la retaguardia

El éxito depende de su habilidad para desenmascarar al enemigo convirtiéndole en culpable. Si lo hace directamente él te responderá junto con sus amigos, así que hágalo sutilmente.

Promesas a largo plazo

Los asuntos más delicados o aquellos pactos que resultan difíciles de cumplir, deben exponerse y admitirse con frases como: *"De acuerdo, lo hablaremos en la próxima reunión"* o *"Este es un asunto que ya tenía en mente y que resolveremos cuanto antes"*. También puede decir: *"Ahora mismo tengo un par de personas encargándose de ese asunto"* y *"Quédese tranquilo que eso está en vías de solucionarse"*.
Usted sabe que nada de eso será cierto, pero saldrá del lugar sin que nadie le haya insultado.

Finja que escucha

Cuando uno de sus opositores esté hablando de algo que no sea muy trascendental, intente dejar volar su imaginación a nuevos horizontes tratando de elaborar su próxima oferta. En el momento en que ya ha dejado de hablar y espera que le responda, diga simplemente: *"De acuerdo, tiene usted mucha razón"* y continúe: *"Pero ahora quiero hablarles de otro asunto igualmente importante"*

Aprenda también el arte de asentir con la cabeza cuando escucha, aunque no le interesen esas palabras y esté pensando en el próximo viaje a Cancún. No aparte la mirada de su interlocutor, pues así le hará creer que le tiene en cuenta y asista con monólogos que en nada le comprometen, como *"Comprendo"*, *"mm, mm"* *"Desde luego..."* y *"Eso habrá que solucionarlo"*.

Aplauda a sus enemigos

Antes de que le acusen de mil cosas empiece por hablar muy bien precisamente de su máximo enemigo. Diga lo mucho que valora su trabajo y sus consejos, recalcando lo mucho que esa empresa le debe. Y si su cinismo no tiene límites, llámele al estrado y antes de que hable dele un fuerte abrazo; así no hay enemigo que no se ablande.

Que parezca Jesucristo en persona

Ya sabe que a los políticos les gusta abrazar a los pobres y los marginados cuando están en su recorrido político, del mismo modo que también visitan a los jubilados recordándonos que todos seremos algún día como ellos. Luego, cuando alcanzan el poder, regatean duramente subir un 2% las pensiones, mientras que no tienen pudor en aumentar el sueldo de los parlamentarios un 30%.

Ponga medallas a los infelices

Si ha tomado una decisión delicada que puede ocasionar grandes desastres, no se olvide delegar ese mérito en alguien, pero busque una persona que no tenga capacidad intelectual para defenderse cuando el desastre sea un hecho. Los políticos suelen caer en el error de quererse llevar todo el mérito de forma particular, pero cuando las cosas salen mal se llevan también los palos. Sin embargo, en las grandes empresas lo mejor es buscar un hombre de paja que se encargará de ejecutar sus órdenes y hasta de firmar por el jefe. En el momento del desastre y para demostrar al resto de los empleados que el jefe es totalmente inocente, despida a ese pobre infeliz y así se evitará que los demás ahorquen al verdadero culpable.

No acuse directamente

Emplee frases como *"He oído que...", "Tengo entendido que...", "Me han dicho que...".* Realmente está efectuando una acusación directa, pero la culpa no la tiene usted, sino ese malvado acusica imaginario.

Aprovéchese de la situación

Suponga que sus empleados le han pedido un aumento de sueldo y usted les dice: *"Si les he entendido bien, están sugiriendo que si les subo el sueldo estarían dispuestos a aumentar su*

180

rendimiento trabajando una hora más al día"
Posiblemente eso no sea exactamente así y
solamente hablasen de trabajar mejor, pero en ese
momento todos se mirarán entre sí para buscar el
culpable de esa proposición.

Aplauda el comportamiento de los menos conflictivos

Debe elogiar públicamente a los más
insignificantes, a los que menos poder tienen,
empezando por la señora de la limpieza y
terminando por el cocinero, olvidándose
deliberadamente de quienes poseen los mejores
coches. Así les hará creer que es una persona
humana, que está cerca de sus empleados más
humildes. Luego, cuando la tranquilidad retorne, ni
se le ocurra volverse a acordar de esas pobres
personas, demostrando que los buitres no
solamente están en los parajes desolados.

Convencer con seudo-preguntas

Todos sabemos que usted es el jefe porque es el
mejor, o al menos se lo dice todos los días delante
del espejo mágico. La opinión de sus empleados no
es necesaria, pero cuando se ponen muy pesados
puede hablarles así: *"¿Han pensado en la
posibilidad de...?"* o *"No creen que sería
mejor...?"*. Les está dando ya encauzada una
respuesta, pero no parece que sea una orden. Si el
truco no cuela, puede continuar con: *"Bien,*

intentaré hacer lo que me dicen, pero no les prometo nada". Esa frase, traducida al lenguaje real, quiere decir que no moverá un solo dedo para atender su petición.

Finalmente

Ningún lector honesto será capaz de poner en práctica estos consejos, pero al menos habrá aprendido a desenmascarar a tantos hipócritas como hay a nuestro alrededor. Ellos son quienes recogen los triunfos y el dinero, y nosotros, al ir de honrados, nos comemos sus migajas. Si usted cree en la otra vida seguramente no le importará, pero si es de lo que están convencidos de que todo acaba en el momento de la muerte, le recomiendo que se pase al bando de los caraduras.

EL CAMINO HACIA EL CADALSO O EL TRIUNFO

Es el momento de salir al escenario, con el público cómodamente sentado mientras a usted le tiemblan las piernas y recibe el alentador palmoteo en su espalda por parte de algún amigo. Las luces le parecen cegadoras, el atril está inmensamente lejos, se ha olvidado justo en ese momento de lo que tiene que decir, y una boca reseca le anuncia el inminente desastre. Pero a su lado está Pepito Grillo, su conciencia, que le recuerda estos detalles:

1. Sus músculos pueden responder perfectamente si la mente está serena
2. La mente estará serena si está convencido de que todo saldrá bien
3. Todo saldrá bien si se comporta tal cual es, con naturalidad

Y antes de salir, de nuevo su conciencia le estimula aún más:

1. Usted tiene una personalidad arrolladora
2. Su aspecto físico es impecable y no tiene fallos
3. Cautivará al público desde los primeros segundos
4. No importa que se le olvide algo, pues sabe improvisar
5. Será un triunfo completo y le aplaudirán

Pero si aún le nota algo receloso del resultado, le proporcionará estos consejos:

1. Cuando camine, no lo haga mirando al suelo y mucho menos a sus zapatos. Ponga la mirada al frente, en un punto concreto y sin perderlo de vista. Ese es el sistema que emplean los bailarines para girar sin perder la orientación. Nunca verá a un experto en baile cerrando los ojos al girar.

2. Sus andares deberán ser intensos, casi pisando fuerte, pero lo suficientemente vivos como para que el recorrido tenebroso se acabe cuanto antes.

3. Ni se le ocurra tocarse el pelo o atusarse la corbata o la falda en el recorrido.

4. Para que los brazos no se encuentren torpes ni parezca que está en un desfile militar, coja algo en sus manos, aunque sea de adorno.

5. Una vez en su lugar de destino evite, especialmente, hurgarse la nariz como si estuviera sacándose un moco. Le parecerá fuera de lugar este consejo, pero se hace por instinto y existen multitud de vídeos que lo demuestran.

6. Si es mujer, evite colocarse instintivamente el sujetador o la falda, aunque puede arreglarse el pelo y las hombreras. Si es varón, se admite ajustarse la corbata y desabrocharse la chaqueta.

7. Ambos pueden tocarse ligeramente la barbilla, la mejilla e incluso la frente.

8. No descargue su peso sobre una de las piernas.

9. La anchura de sus pies debe ser igual a la de sus hombros, eso le dará aplomo y evitará que se canse si tiene que estar en pie.

10. Bajo ninguna circunstancia se recline en el atril.

11. No golpee el atril para afianzar sus palabras, pues todo irá por los aires, papeles y micrófono.

12. Las manos siempre visibles, aunque para descansar podrá cruzar sus brazos o meterse una de ellas en los bolsillos del pantalón. Las mujeres pueden descansar una de sus manos en la parte superior del tórax.

13. Si las cosas empiezan a marchar mal y la respuesta del auditorio es mala, no se le

ocurra mirar al público y siga hablando con la mirada puesta en el horizonte.

14. No de pasos hacia atrás nunca, salvo para tomar impulso en la nueva y contundente frase.

15. No mantenga sus brazos a los costados, pues eso le crea sensación de inseguridad.

16. No se muestre altivo con el público, pues eso siempre genera hostilidad.

17. Diríjase frecuentemente a un grupo reducido de personas, ya que creará cierta sensación de camaradería e intimidad y usted se sentirá como en casa.

18. Si le permiten estar sentado no se recueste en el respaldo.

19. No permanezca pegado al respaldo y es mejor que se mantenga alejado de él, pues así se verá obligado a estar rígido.

20. No se olvide de tener a mano siempre una botella de agua, pues la boca se le resecará en muchas ocasiones. Aproveche las preguntas del público para beber, así no interrumpirá su propio discurso.